コーポレートガバナンスと社外取締役・社外監査役

Corporate Governance &
Outside Director / Outsi

著

三省堂

はしがき

コーポレートガバナンス改革として、コーポレートガバナンス・コードが改訂（2018年6月1日）され、会社法も改正（2019年12月4日）された。これらを受けて、どこの会社でもコーポレートガバナンスの強化は喫緊の課題である。なかでも、社外取締役・社外監査役の充実が、コーポレートガバナンス改革の大きな柱であることは明らかであり、わが国のコーポレートガバナンス強化の中で、特に、社外取締役・社外監査役の存在意義が格段に高まっている。

コーポレートガバナンス・コードや会社法において、社外取締役・社外監査役の充実をもって経営陣による果断な経営判断を促す方向性が明確になった。しかし、社外取締役・社外監査役の役割や権限については、法律上の規定は少なく、その必要性はますます高まっていくものと思われる。

本書においては、第1章で、社外取締役・社外監査役の存在意義、社外取締役の義務化と比率向上の背景および社外取締役・社外監査役の人材市場の拡充について説明し、第2章においては、株式会社の機関によるコーポレートガバナンスの仕組みについて解説する。第3章で、株式会社の機関としての取締役会・監査役会・各種委員会の位置付け、そこでの社外取締役・社外監査役が果たすべき職務と権限を検討する。第4章において、コーポレートガバナンス・コードが求める社外取締役・社外監査役の役割・責務について説明し、第5章では、2019年度改正会社法における社外取締役を含む取締役の規律の見直しについて解説する。第6章においては、コーポレートガバナンスにおける社外取締役・社外監査役の役割とあり方をわかりやすく解説する。特に、社外取締役・社外監査役活用のための今後の課題を明らかにし、社外取締役・社外監査役の職務と権限およびその役割とあり方を検討し、社外取締役・社外監査役の公正性・客観性・独立性を確保し、社外取締役・社外監査役制度が機能化するための方策を考察する。

さらに、社外取締役・社外監査役制度について直近の動向を盛り込み、本書を通じて、コーポレートガバナンス・コードの改訂および2019年度改正会社法に対応し、必要とされるタイムリーでトピックスな知識を会得することができ、それらに関する課題や論点を明らかにすることができるものと考える。

また、本書は、コーポレートガバナンスにおける社外取締役・社外監査役について学習・研究している方々や実務に携わっている方々など、幅広く多くの読者の方々にとって十分に参考になる内容であると思う。なお、本書の刊行にあたり、格別の配慮をいただいた三省堂の黒田也靖氏をはじめ、六法・法律書編集室の方々に厚くお礼を申し上げたい。

2020年1月

葭田　英人

目　次

第1章　社外取締役・社外監査役の意義

第2章　コーポレートガバナンスと株式会社の機関設計

第3章　株式会社の機関設計における社外取締役・社外監査役の職務と権限

第4章　コーポレートガバナンス・コードと社外取締役・社外監査役

第5章　改正会社法における取締役等に関する規律の見直し

第６章　コーポレートガバナンスにおける社外取締役・社外監査役の役割とあり方

装丁＝米倉八潮
組版＝木精舎

《凡　例》

【法令名略語】

会社計規	会社計算規則
会社	会社法
会社施規	会社法施行規則
民	民法
法税	法人税法

第1章

社外取締役・社外監査役の意義

第1節　社外取締役とは

1　社外取締役の存在意義

社外取締役は、会社の意思決定に際し大所高所の意見、高い見識、公共的外部的視点を有し、社内出身の取締役にはない経験や知識などにより経営判断の質的向上、経営の透明性の増大、モニタリング機能の強化などを図ることができる。

しかし、その職務遂行に限られた時間しかさくことができないという問題があり、会社の業務執行に対する専門的知識や経験に必ずしも精通していないことも多く、的確な意思決定や監督の機能を充分果たすことができるかという懸念がある。したがって、多数の社外取締役を取締役会に参加させることは、かえって意思決定監督機能の空洞化を招くおそれがある。

社内事情に精通した取締役のみで意思決定監督がなされるのも危険であるが、アメリカのように取締役会の過半数が現業を把握していない社外取締役である場合には、本来の経営政策の策定にかえってマイナスになるのではないかとの見方もある。しかし、社外取締役が業務執行の意思決定に関与した場合、その監督に期待することもできる。

さらに、社外取締役制度の導入にあたり、わが国の企業特有の外部者に対する閉鎖的・排他的特質は、社外取締役制度の機能化を妨げる要因となる可能性がある。つまり、会社は、社外取締役（社外監査役も同様）に提供する情報と提供しない情報を選別する可能性がある。また逆に、社外取締役は社内情報に通じていないから経営者にコントロールされやすいという懸念もある。

なお、実証研究においても限界があり、社外取締役が企業価値向上に寄与するかどうか不明である。さらに、社外取締役と社外取締役以外の取締役は、同様に、取締役会の決定に参加しているのであり、自己監査・監督の懸念は拭えない。

しかし、取締役会は、社外取締役から、しがらみがなく、中立的立場からの広い視野の有益な経営助言を得ることができることには意義がある。取締役会は、経営の意思決定や業務執行の決定および重要人事の決定を行うにあたり、社外取締役の社外からの合理的・客観的な経営への助言を主に期待することができる。

2　社外取締役の要件

社外の目による幅広い経営全体の監督が期待されている社外取締役とは、株式会社の取締役であって、(a)その株式会社または子会社の業務執行取締役（代表取締役および業務担当取締役）もしくは執行役または支配人その他の使用人（以下「業務執行取締役等」という）でなく、かつ、就任の前10年間その株式会社またはその子会社の業務執行取締役等であったことがないこと、(b)その就任の前10年間のいずれかの時において、その株式会社または子会社の取締役、会計参与または監査役であったことがある者（業務執行取締役等であったことがあるものを除く）にあっては、その取締役、会計参与または監査役への就任の前10年間その株式会社またはその子会社の業務執行取締役等であったことがないこと、(c)その株式会社の親会社等（会社の経営を支配している自然人であるものに限る）または親会社等の取締役もしくは執行役または支配人その他の使用人でないこと、(d)その株式会社の親会社等の子会社等（その株式会社およびその子会社を除く兄弟会社）の業務執行取締役等でないこと、(e)その株式会社の取締役もしくは執行役または支配人その他の重要な使用人または親会社等（会社の経営を支配している自然人であるものに限る）の配偶者または2親等内の親族でないこと、のいずれの要件にも該当するものをいう（会社2条15号）。

なお、重要な取引先の関係者については、「重要な取引先」の要件を明確に基準設定することが困難であることから、重要な取引先関係者でないことを社外取締役等の要件として追加しないこととされた。

3　社外取締役の義務化

有価証券報告書を提出しなければならない監査役会設置の公開大会社において、社外取締役を置いていない場合には、社外取締役を置くことが相当でない理由を、その年度に関する定時株主総会で説明しなければならなかった（改正前会社327条の2）。しかし、改正会社法により、「監査役会設置会社（公開会社であり、かつ、大会社であるものに限る）であって金融商品取引法第24条第1項の規定によりその発行する株式について有価証券報告書を内閣総理大臣に提出しなければならないものは、社外取締役を置かなければならない」（改正後会社327条の2）と改正され、社外取締役の設置は義務化されることになった。

さらに、補足説明として、法制審議会会社法制（企業統治等関係）部会において、「会社法において社外取締役を置くことを義務付けた場合には、社外取締役が欠けたときにされた取締役会の決議が無効となることを回避するために、事実上、複数の社外取締役を選任する必要が生じ、上場会社等に対し、社外取締役を1名選任することにとどまらない影響等を及ぼす懸念があるという指摘がされている。

法律的には、補欠の役員の選任（会社329条3項）、権利義務取締役（会社346条1項）または一時役員（同条2項）に関する規定が用意されており、社外取締役の員数が欠けた場合についても、これらの規定の適用があると考えられる。

他方で、当部会においては、上場会社等について社外取締役を置くことを義務付けた場合であっても、社外取締役を欠くときに有効に取締役会の決議をすることができなくなるという帰結は現実的でないという指摘がされており、社外取締役は取締役会の単なる一構成員であると扱うべきであり、社外取締役を欠くときに有効に取締役会の決議をすることができないとまで考える必要はないという指摘がされている。

当部会における議論を踏まえると、社外取締役が欠けている状況が長期間に及ぶ場合等には、社外取締役が欠けていることが取締役会の決議の効力におよそ影響を及ぼさないとまでいうことは難しいが、社外取締役が欠けた場合であっても、遅滞なく社外取締役が選任されるときは、その間にされた取締役会の決議は無効とならないと解釈することができると考えられる。

また、当部会においては、仮に、会社法において社外取締役を置くことを義務付けた場合には、社外取締役が欠けたときに直ちに過料の制裁が課されることを懸念する指摘がされている。しかし、当部会における議論を踏まえると、社外取締役が欠けた場合であっても、遅滞なく社外取締役が選任されるときは、直ちに過料の制裁が課されることにはならないと解釈することができると考えられる。」[1]と説明された。

経営の不祥事が続く中、独立性の高い監視機能が期待でき、経営の透明性と株主重視の経営の必要性が高まったことによる社外取締役の義務化であり、さらに、その比率向上が広がっている。

取締役の多数を社外取締役とする目的は、助言の質の向上および経営陣に反対意見を述べる場合、1人での孤立を防ぎ、異議の実効性を確保するためである。さらに、経営の透明性を高め、業務執行と監督の機能を分離し、独立した立場から経営判断や違法行為を監視し、取締役会の監督機能を強化し、不正を防止する狙いがある。

また、コーポレートガバナンス・コード（原則4－8）において、独立社外取締役の比率の目標を「3分の1以上」としている。さらに、スチュワードシップ・コード（原則5）において、機関投資家は、個別議案にどう議決権を行使したかを開示するように求められている。社外取締役が全取締役の3分の1未満なら反対票を投じるとする海外の機関投資家も多く見られることが、社外取締役の比率が向上する背景となっている。

1）法制審議会会社法制（企業統治等関係）部会「会社法制（企業統治等関係）の見直しに関する要綱案（仮案⑵）」2018年（平成30年）12月12日、12頁、13頁。

しかし、社外取締役の比率だけ高めても、社内の有用な情報が伝わりにくく、会社法でも情報提供の仕組みをつくることを義務付けているわけではない。社外取締役の比率が向上しても機能不全となる可能性は非常に高い。少なくとも、社外取締役がすべての資料を見ることができるようにする必要がある。

また、社外取締役としての人材不足や、社長の個人的関係者を選任するなど、社外取締役の活用が危惧される面もある。社外取締役が本来の機能を発揮し、適正な監督と独立性を確保するためには、その人数ではなく、人選こそが重要であり、社外取締役を義務化し、その比率を向上させても、問題の根本的な解決につながるのか疑問である。

第2節　社外監査役とは

1　社外監査役の存在意義

社外監査役には、社外の独立した第三者の立場から、社内で当たり前に処理されている事柄に関しても適正に評価・監視し、大所高所から専門的知識や経験を反映した客観的な視点から意見を表明することが期待されている。

しかし、欧米の監査委員会や監査役会は、取締役等の任免権などの法的権限や業務執行への影響力を有しているが、日本の社外監査役を含む監査役にはそのような法的権限や影響力が与えられていない。意見陳述しても取締役が従わない場合には言いっぱなしで終わることもあり得る。特に、海外の投資家などの理解が得られにくい監査役制度の最大の問題点は、監査役が取締役等に対する任免権を有しないことである。

たしかに、監査役が経営の業務執行に介入することは認めるべきではない。しかし、会社法は、監査役会に、会計監査人が、①職務上の義務に違反しまたは職務を怠ったとき、②会計監査人としてふさわしくない非行があったとき、③心身の故障のため、職務の執行に支障がありまたはこれに堪えないときは、その会計監査人を解任することができる解任権を、監査役全員の同意と株主総会への報告を要件に認めている（会社340条）。したがって、不正行為や違法行為を行った代表取締役の解職に関する取締役会決議において、監査役に議決権行使を認めることは、海外の投資家にとってもより分かりやすく、監査機能も強化されることになる。

さらに、監査役の監査機能の強化の観点から、取締役の職務執行に重大な違法があった場合などに、監査役に取締役解任の訴えの提起権を付与するかどうかも問題である。会社法では、取締役の違法行為に対しては、監査役による取締役の違法行為差止請求権（会社385条1項）や、株主総会で取締役の解任決議が否決された場合に、総株主の議決権または発行済株式の100分の3以上を有する少数株主による取締役解任の訴えの提起権が認められている（会社854条）。

この点について、取締役の選解任権は株主総会にあるのだから、監査役に対し、職務執行に重大な違法があった取締役の解任を決議する株主総会の開催請求権を認め、株主総会で否決された場合には、取締役解任の訴えの提起権を認めても不合理はないものと考える。

そもそも、監査を受ける立場にある取締役が、会計監査人の選解任等に関する議案等および報酬等を決定するのは、「インセンティブのねじれ」が存在し、利益相反に該当するとして、監査を受ける側である取締役からの会計監査人の独立性を確保するために、会計監査人の選解任等に関する議案の決定権を、取締役を監視する会計監査人と同じ立場にある監査役会に移管する改正はされた（会社344条）。

しかし、会計監査人の選解任に関する議案等の決定権を監査役（会）に移管しても、監査役自身が取締役（会）から独立していなければ、その効果は期待できない。監査役が実質的に代表取締役を中心とした取締役会により選任されていることから、監査役等の独立性が確保されているとはいえないのが実状である。

ただし、監査役は、独任制の機関として監査役会から独立して単独で行動できる強力な権限を持っていることから、監査役の存在意義が薄れたわけではない。特に、社外監査役は、社外者であることからしがらみがなく、中立的立場からの客観的意見には期待できる。しかし、会社は社外監査役に提供する情報を選別する可能性がある。したがって、単独ではその力を生かすことは難しいことから、社内事情に精通した社内監査役としがらみがない社外監査役が相互に補完し協力しながら適正な監査を進めることが求められる。

2　社外監査役の要件

社外監査役とは、株式会社の監査役であって、(a)その就任の前10年間その株式会社または子会社の取締役、会計参与もしくは執行役または支配人その他の使用人であったことがないこと、(b)その就任の前10年間のいずれかの時において、その株式会社または子会社の監査役であったことがある者にあっては、その監査役への就任の前10年間その株式会社またはその子会社の取締役、会計参与もしくは執行役または支配人その他の使用人であったことがないこと、(c)その株式会社の親会社等（会社の経営を支配している自然人であるものに限る）または親会社等の取締役、監査役もしくは執行役または支配人その他の使用人でないこと、(d)その株式会社の親会社等の子会社等（その株式会社またはその子会社を除く兄弟会社）の業務執行取締役等でないこと、(e)その株式会社の取締役もしくは支配人その他の重要な使用人または親会社等（会社の経営を支配している自然人であるものに限る）の配偶者または2親等内の親族でないこと、のいずれの要件にも該当するものをいう（会社2条16号）。

第3節　社外取締役・社外監査役の人材市場の拡充

1　相談役・顧問制度の見直し

(1)　相談役・顧問制度の意義

「相談役」と「顧問」は同列に並べられることが多いが、企業において、代表権を有する役職に就いていた者が相談役に、それ以外の者は顧問にそれぞれ就任することが多い。そもそも、相談役・顧問の設置は任意であり、定款に規定する必要もない。また、相談役・顧問の報酬等についても特に直接的に定めた規定はない。

取締役や監査役の選任とは異なり、任意の諮問機関である相談役・顧問の選任は株主総会での承認を得る必要がないため、経営陣の判断で行うことができることから、取締役や監査役とは異なった経験、能力、見識などを経営に生かすことができるというメリットがある。

豊富な経験や人脈を有する相談役・顧問から経営陣が助言や示唆を得ることは、企業経営上役立つことが多いと思われる。また、対外的な業界団体や財界での活動、顧客との取引関係の維持・拡大、社会活動や審議会委員などの公益的な活動に関して、相談役・顧問が役割を果たすことにより、経営陣の負担を軽減することができる。さらに、過去の経緯等を後任へ引き継ぐ場合など企業価値の向上に貢献するものと考える。

また、社長・CEO経験者を相談役・顧問として会社に置く場合には、自主的に、社長・CEO経験者で相談役・顧問に就任している者の人数、役割、処遇等について外部に情報発信することは意義がある。適切な役割、処遇等を社内で設定し、客観性を確保した上で、外部に情報提供することで、コーポレートガバナンスに関する社内体制の適正性について、株主や投資家などの理解を得ることができる。産業界がこうした取り組みを積極的に行うことが期待される[2)]。

(2)　相談役・顧問制度の課題

相談役・顧問制度は会社法に規定はなく、役割、権限、責任などが不明確で、多くの企業は、相談役・顧問の氏名、人数、報酬なども外部に公開していない日本企業特有の制度である。

取締役や監査役は、善管注意義務、忠実義務、会社に対する責任、第三者に対する責任を負っている。これに対して、相談役・顧問の責任に関して、会社の定款や会社法に何ら規定されていない。また、取締役や監査役の選任は、株主総会での承認手続を経ており、株主代表訴訟の対象となる。これに対して、任意の諮問機関である相談役・顧問の選任は株主総会での承認を得る必要がなく、情報開示や株主代表訴訟の対象となることもない。

相談役・顧問の職務は、経営陣に助言や示唆を行う諮問機関であることから、企業の経営や意思決定にある程度関与するものと思われる。しかしながら、経営に過度に関与することも考えられる。会長や社長が後継者を指名して退任し、相談役・顧問に就任した場合、

2)　経済産業省「コーポレート・ガバナンス・システムに関する実務指針」(CGSガイドライン)（2017年（平成29年）3月31日策定、2018年（平成30年）9月28日改訂）50頁。

経営や人事に関与しない相談役・顧問もいるであろうが、影響力が残ると考えるのが自然であろう。会社の重要事項に影響力を行使する存在になりかねないのが相談役・顧問である[3)]。

社長・CEO経験者が相談役・顧問に就任した場合、会社経営についての責任を持たない相談役・顧問による社長・CEOの選解任や現役の経営陣への不当な影響力の行使という弊害が生じるおそれがある。また、相談役・顧問が過去に推進してきた事業を見直し、現経営陣が思い切った意思決定を決断・実行することを難しくする可能性がある。

相談役・顧問の役割・処遇は、各社によってさまざまであるので、外部から認識できない不透明さがある。社内においても、その存在や役割、処遇を認識していないことがある。さらに、相談役・顧問の報酬は、株主総会決議を経て支給されるものではなく、役員報酬としての開示規制の対象にもなっていないことから、他の報酬と比較しても透明性は低い。

このように、相談役・顧問が現経営者への指示・指導を通じて会社の経営に一定の影響力を行使することは、有益な場合もあるものと考えられる。しかし、この指示・指導の内容が、過去の自らの経営判断の是非に関するものである場合、相談役・顧問に客観的立場からの判断を期待することは困難である[4)]。

会社経営について何ら責任を負わない相談役・顧問が、社長やCEOらの経営陣に対して不当な影響力を行使することは、会社内において適切にリーダーシップを発揮し、過去のしがらみにとらわれることなく迅速果断な意思決定や事業ポートフォリオの見直しな

3）岡崎幸司「相談役・顧問制度の利点と問題点」東北大学研究年報『経済学』63巻4号（2002）112頁。

4）辰巳　郁・坂本麻里江「存続すべきか、廃止すべきか、相談役・顧問制度の見直しのポイント」旬刊経理情報1480号（2017・6・1）42頁。

どを行い、企業価値を向上させる上で最も重要な役割を果たすためのリーダーシップの発揮を阻害するものである[5)]。

また、会社法349条により、会社を代表し、会社の業務に関する一切の裁判上または裁判外の行為をする権限を有すると規定されている社長やCEOらの経営陣に対して、相談役・顧問が意見を述べることはあっても、経営の意思決定に直接関与することは適切ではない。

⑶　相談役・顧問制度のあり方

相談役・顧問制度については、多くの企業において、具体的にその役割、選任の基準、待遇等を明確に定めることもなく、慣行に従い運用されてきたものと思われる。相談役・顧問の職務内容を明確化し、経営陣への不当な影響力の行使という弊害が生じないよう、制度の廃止も含め適切に見直す必要がある。

相談役・顧問制度のあり方としては、相談役・顧問の設置を禁止することが考えられる。取締役や監査役と異なり、経営上の義務や責任を負うことがなく、会社法上の役員でもない相談役・顧問が、会社で影響力を持ち経営を左右することは、責任が不明確となり、適切であるということはできない。通常、経営者の諮問に応じ意見を述べることにより、広い視野や見識を備えた社外取締役に助言役の機能を期待することができる。

一方、財界活動や業界活動のために相談役・顧問を置く必要性がある企業も存在するであろう。一律に相談役・顧問制度を禁止したり廃止したりする必要はない。相談役・顧問制度を置きたい企業は、その役割、職務内容、待遇などを明確化・透明化し、開示して説明する必要がある。このことにより相談役・顧問からの不当な影

---

5)　安永崇伸・松村謙太郎・岩脇　潤「コーポレート・ガバナンス・システムに関する実務指針（CGSガイドライン）の解説〔下〕」旬刊商事法務2133号（2017・5・5）78頁。

響力の行使を抑制することができる。

2　社外取締役・社外監査役の人材流動化

社外取締役・社外監査役の人材市場の拡充のため、経営・監査の経験者である相談役・顧問が積極的に他社の社外取締役・社外監査役に就任することを促進すべきである。社外取締役・社外監査役の人材市場の拡充が必要となる中で、実際に経営や監査に携わっていた相談役・顧問は、経営戦略の策定や経営の評価・監査を行う社外取締役・社外監査役の有力候補者であり、積極的に他社の社外取締役・社外監査役になることで、その知識を経験が各企業の経営や監査の向上に役立つとともに、社外取締役・社外監査役の人材市場が拡充されていくことが期待される。

役員経験者が相談役や顧問として残らず、他の企業の社外取締役・社外監査役などに就任する動きも広がっている。経営の監査・監督機能強化のために社外取締役・社外監査役の重要性が強まっている。しかし、役員退任後すぐに競合企業に移ることを防ぐために、役員経験者が相談役や顧問として残るケースも目立つ。

相談役・顧問制度の日本型経営の象徴的な側面として、役員経験者が相談役や顧問として報酬を得ることを前提に、現役時代の役員報酬が低く設定され、報酬の後払いとなっている会社がみられる。このような会社においては、役員経験者が社外取締役・社外監査役として活躍するためには、役員報酬をインセンティブ報酬の導入により引き上げることにより、役員報酬の適正化を図る必要がある。

コーポレートガバナンス・コード（補充原則4－2①）において、「経営陣の報酬が、持続的な成長に向けた健全なインセンティブとして機能するよう、……中長期的な業績と連動する報酬の割合や、現金報酬と自社株報酬との割合を適切に設定すべきである」とされている。

日本企業の役員報酬は、欧米の企業に比べ業績連動報酬の割合が低いといわれているが、日本企業の役員報酬の構成要素とその割合を明示することにより、外部の投資家から見ても理解しやすくする必要がある。さらに、どのような機関が、どのような基準で決定するか、決定のプロセスの透明化が求められている。このように役員報酬を業績に連動することで、役員報酬の水準を高め、適正化を図る必要がある。

なお、改正会社法において、取締役の報酬規定の整備により、取締役の報酬等を決定するための手続の透明性を向上させると同時に、業績等に連動した報酬を適切に取締役に付与することができるようにする改正がされた（会社361条）。

本来であれば、役員経験者は、格好の社外取締役・社外監査役の候補者であり、社外取締役・社外監査役の人材市場の拡充が課題となっている状況も踏まえ、コーポレートガバナンス改革の観点から、会社における相談役・顧問制度の検討の結果、相談役・顧問として会社に残らないこととなった役員経験者については、役員経験者の流動性を高め、社外取締役・社外監査役として機能させるために、積極的に他社の社外取締役・社外監査役に就任して、その長年の経験で培った経営の知見を活用することが、社会への貢献という観点から期待される[6)]。

6）経済産業省、前掲注2)、51頁。

第2章

コーポレートガバナンスと株式会社の機関設計

第1節　コーポレートガバナンスとは

1　コーポレートガバナンスの意味

コーポレートガバナンス（企業統治）とは、企業経営を統制し、監視・監督する仕組みを意味する。企業の不正行為の防止と持続的成長および中長期的な企業価値の向上のため、独立した社外取締役・社外監査役の登用や経営の情報開示などによるチェック機能を充実させ、健全かつ効率的な経営を図ることが求められている。

株式会社では、会社の所有者である株主により選任された取締役が会社の経営を行うが、株主、債権者、従業員などの利害関係者（ステークホルダー）との利害が対立することもある。そこで、相次ぐ不祥事や企業買収による騒動を背景として、誰がコーポレートガバナンスの主催者なのか、コーポレートガバナンスはどうあるべきなのか、という問題を問う声が高まっている。

具体的には、株主総会・取締役会・監査役会・委員会等の機関設計のあり方、取締役・監査役・委員等の選任方法や報酬の決定方法、経営の意思決定や監査・監督の仕組み、経営者・株主・債権者・従業員などの利害調整のためのメカニズム、経営の情報開示のあり方などの諸制度を設計し、実施することがコーポレートガバナンス改革である。

2　コーポレートガバナンスの目的と必要性

コーポレートガバナンスの目的は、企業不祥事の防止、企業の収益力の強化、ステークホルダーの保護と利益の向上、株主や投資家に対する利益還元などである。コーポレートガバナンスの実施により、経営の可視化と評価を適切に行うことができ、公正・公平な競争を促し、利益を社会に還元する優良企業として認められることによって企業の持続的成長と中長期的な企業価値の向上につながる。

また、株式会社は、原則として所有と経営が分離しており、株主（プリンシパル）は直接経営を行わず、経営者である取締役に代理人（エージェント）として経営を委任している。両者の利害が必ずしも一致しないことから、経営者が株主の利益を無視して自己の利益を追求することが起こる可能性がある。そこで、株主の利益が守られるように、経営者を監視・監督するための制度としてコーポレートガバナンスが必要となる。

3　コーポレートガバナンスの強化方法

コーポレートガバナンスを強化する方法として、経営体制を監視・監督する社外取締役・社外監査役を中心とした企業内部の組織の構築（機関設計）が重要となる。一方、企業の経営者ばかりでなく従業員全員に、コーポレートガバナンスの重要性を浸透させる必要がある。また、企業の意思決定において判断基準となる倫理や行動規範の周知、違法行為や不正行為を防止するための内部統制システムの導入は、コーポレートガバナンスを強化する方法として必要不可欠なことである。

第2節　機関設計とは

1　会社の機関

株式会社は、法人格を有し権利義務の主体となる営利社団法人である。しかし、自然人のように自ら意思決定し行動することはできないので、自然人を通じて意思決定や事業活動を行うために一定の権限を与えられた自然人の集合体を会社の機関という。

すべての株式会社については、株主総会（すべての株主から構成される意思決定機関）と取締役（会社の運営・管理上の意思決定および業務執行機関）が絶対的必要設置機関であり、1人以上の取締役を置かなければならない（会社326条1項）。

そのほかの機関については任意設置機関である。したがって、定款の定めによって、取締役会（取締役により構成される会社の運営・管理上の意思決定機関）、会計参与（取締役との共同による計算書類等作成機関)、監査役（業務執行の監査機関)、監査役会（監査役により構成される監査方針の決定機関)、会計監査人（公認会計士による会社の外部監査機関）または委員会（監査等委員会および指名委員会・報酬委員会・監査委員会をいい、業務執行の監査または取締役等の選解任・報酬等の決定機関）を置くことができる（会社326条2項)。

2　株式会社の機関設計

株式会社において、公開会社とは、その発行する全部または一部の株式の譲渡について、株式会社の承認を要する旨の定款の定めを設けていない会社をいうのであり（会社2条5号)、非公開会社（全株式譲渡制限会社）は、すべての種類の株式が譲渡制限株式である株式会社のことをいう。また、株式会社においては、大会社（資本金5億円以上または最終の貸借対照表の負債総額200億円以上の会社）とそれ以外の会社（中小会社）では機関構成の選択肢が異なっている。

株式会社のうち公開会社と非公開大会社は、監査役（会）設置会社、監査等委員会設置会社、指名委員会等設置会社のいずれかを選択しなければならない。なお、非公開中小会社は、選択肢の範囲が広く機関設計の柔軟化が図られてはいるが、さまざまな法的な問題が解決されているわけではない。このように会社の制度設計が異なっていることから、会社法では、次のように会社の形態に応じて必要な機関の組合せが規定されている。

まず、公開会社、監査役会設置会社、監査等委員会設置会社、指名委員会等設置会社においては、経営の意思決定を迅速に行うために取締役会を設置しなければならないが（会社327条1項)、非公開会社の取締役会の設置は任意である。なお、取締役会を設置しない場合には、監査役会または委員会を設置することは認められないが、非公開会社であっても取締役会を設置した場合には、監査役会や委員会を設置することができる。

また、監査等委員会設置会社および指名委員会等設置会社を除く取締役会設置会社は、取締役会の設置により株主総会の権限が制限されるため、取締役の監視強化の観点から、監査役を設置しなければならず（会社327条2項本文）、取締役会を設置しない非公開中小会社は、監査役の設置は任意である。つまり、取締役会設置会社は、監査役（会）または委員会のいずれかの設置が義務付けられているが、取締役会設置の非公開中小会社において、会計参与を設置する場合には、監査役（会）または委員会を設置する必要はない（会社327条2項ただし書）。

さらに、監査等委員会設置会社および指名委員会等設置会社を除く会計監査人設置会社は、会計監査人の独立性の確保の観点から、監査役の設置が義務付けられているが（会社327条3項）、監査役を設置しても、会計監査人を設置することは任意である。なお、監査等委員会設置会社および指名委員会等設置会社は、監査等委員会および監査委員会が存在することから、監査役を置くことはできないが（会社327条4項）、会計監査人の設置は義務付けられている（会社327条5項）。

つまり、会計監査人を設置した場合は、監査役または委員会のいずれかの設置が強制される。ただし、公開大会社については、監査役（会）または委員会のいずれかを置かなければならない。さらに、監査等委員会設置会社および指名委員会等設置会社を除く公開大会社は、所有と経営が分離し、株主や会社債権者など多くの利害関係者がいるため、利害関係者を法的に保護する必要があることから、監査役（会）および会計監査人の設置が強制される（会社328条1項）。また、非公開大会社にも、会計監査人の設置が義務付けられる（会社328条2項）。なお、中小会社も任意に会計監査人を設置することはできる。したがって、機関設計の選択の範囲が広く、大幅に自由が認められるのは非公開中小会社である。

以上の規制により、公開会社と非公開会社の別、大会社と中小会社の別に、次の表の通り、任意に機関の組合せを選択することができる。

＜機関の組合せ＞

	公開会社							非公開会社（全株式譲渡制限会社）												
	大会社		中小会社					大会社				中小会社								
株主総会	○	○	○	○	○	○	○	○	○	○	○	○	○	○	○	○	○	○	○	○
取締役	○	○	○	○	○	○	○	○	○	○	○	○	○	○	○	○	○	○	○	○
取締役会	○	○	○	○	○	○	○		○	○	○				○	○	○	○	○	○
委員会		○					○				○									○
監査役	○		○	○	○	○		○	○	○			○	○		○	○	○	○	
監査役会	○				○	○				○							○		○	
会計監査人	○	○		○		○	○	○	○	○	○			○				○	○	○
会計参与	※	※	※	※	※	※	※	※	※	※	※	※	※	※	○	※	※	※	※	※

※会計参与の設置は任意

（注）日本経済新聞2005年（平成17年）6月29日朝刊6面を基に作成した。

第3節　監査役会設置会社のコーポレートガバナンス

1　監査役会設置会社とは

株主で構成される株主総会は、会社の経営を委任するために取締役を必ず1人以上選任しなければならない（会社326条1項・329条1

項)。取締役は業務を執行し（会社348条1項)、株式会社を代表するが、取締役が2人以上いる場合には、各自会社を代表する（会社349条1項本文・2項)。ただし、定款、定款の定めに基づく取締役の互選または株主総会の決議によって、取締役の中から代表取締役を定めることができる（会社349条3項)。

なお、公開会社は取締役会の設置が強制されている（会社327条1項)。取締役会は、すべての取締役で組織され（会社362条1項)、業務執行の決定、取締役の監視・監督および取締役の中から代表取締役を選定しまたは解職する（会社362条2項・3項)。つまり、監査役会設置会社は、取締役会が業務執行と監督の機能を有するオペレーティング・モデルの制度設計である。しかし、重要な業務執行の決定を取締役に委任することができない（会社362条4項)。

一方、監査役は、株主が取締役を監督するだけでは不十分なので、株主総会が選任して取締役の職務執行を監査し（会社329条1項・381条1項)、独自に監査権限を行使できる独任制の機関である。

さらに、非公開会社または監査等委員会設置会社および指名委員会等設置会社を除く大会社においては、すべての監査役で構成する監査役会を設置することが強制されている（会社328条1項・390条1項)。なお、監査役会は、常勤監査役を選定する必要があり（会社390条3項)、半数以上の社外監査役を含む3人以上で構成されなければならない（会社335条3項)。

また、監査役会設置会社においては、指名・報酬など特に重要な事項に関して社外取締役の適切な関与・助言を得るために、社外取締役を構成員とする任意の諮問委員会を設置し、柔軟な運営を行うことができる。

2　株主総会

(1)　意義と権限

株式会社の所有者である株主全員により構成された株主総会は、会社の意思を決定する意思決定機関であり、開催時期により、毎事業年度の終了後の一定の時期に開催する定時株主総会（会社296条1項）と、必要に応じて臨時に開催する臨時株主総会（会社296条2項）がある。また、株主総会は、多様な株主で構成されていることから、会社が多様な社会的チェックを受ける場であるといえる。

なお、社外取締役・社外監査役は、会社役員として経営に関与するものであるから、株主総会に出席し、質問されれば説明する義務を負っている。

一方、株主総会の権限は、取締役会を設置しているかどうかにより異なる。

①　取締役会非設置の場合

取締役会非設置会社の株主総会は、会社法に規定する専決事項その他株式会社に関する一切の事項について決議することができる（会社295条1項)。つまり、その権限に制限のない機関として位置付けられているが、重要事項の決定のために株主総会を開かなければならず、迅速な意思決定ができない可能性がある。

②　取締役会設置の場合

取締役会設置会社の株主総会は、会社法に規定する専決事項および定款で定めた事項に限り決議することができ（会社295条2項)、取締役会の専決事項については、多くの株主の意思に反する重要な事項の決定を、取締役会が行う危険性がある。

なお、会社法の規定により株主総会の決議を必要とする事項について、株主総会以外（取締役、執行役、取締役会など）の機関が決定することができるとすることを定款で定めた場合は無効となる（会社295条3項)。

また、改正会社法において、「株主総会に関する規律の見直し」として、①株主総会資料の電子提供制度、②株主提案権、が盛り込まれた。

⑵ 招　集

①　招集権者

株主総会の招集は、原則として、取締役会設置会社においては取締役会決議により、取締役会非設置会社では取締役の過半数による決定に基づいて行う（会社296条3項)。

なお、例外として、6ヶ月前から引き続き総株主の議決権の100分の3以上の株式を有する株主も、取締役に対して、招集の理由を示して、株主総会の招集を請求することができる。これは濫用目的で一時的に株式を取得しようとする者に対処するためであり、非公開会社においては、人的信頼関係が強固であることから6ヶ月の保有期間制限を課さない（会社297条1項・2項)。

ただし、株主の請求により取締役が遅滞なく総会招集をしない場合には、請求をした株主は、自ら裁判所の許可を得て株主総会を招集することができる（会社297条4項)。なお、議決権行使に書面投票・電子投票を採用した場合を除き、株主全員の同意があるときは、招集の手続をしなくても総会を開くことはできる。(会社300条)。

②　招集地

株主総会の招集地については、定款の定めがある場合を除き、株主の交通の利便性を考慮して制限は設けられていない。しかし、過去の株主総会の開催場所と著しく離れた場所である場合には、その場所を決定した理由を説明する必要がある（会社298条1項5号、会社施規63条2号)。

なお、特定の株主の議決権行使を妨げることを目的として、定款で招集地を定めたときは無効となり、出席困難な場所を招集地としたときには、株主総会決議取消しの原因となる（会社831条1項1号）。

③　招集通知

株主総会の招集通知は、公開会社では、取締役が、株主に対して、株主総会の日の2週間前までに通知しなければならないが、非公開会社では、1週間前まででよい。なお、取締役会非設置会社においては、これを下回る期間を定款で定めた場合には、その期間でもよい。

しかし、書面投票・電子投票により議決権行使を行う非公開会社では、2週間前までに通知することが義務付けられている（会社299条1項）。この期間が不足した場合には、招集手続の法令違反として、株主総会決議取消しの原因となる（会社831条1項1号）。

また、取締役会設置会社および書面投票・電子投票による会社は、書面または電磁的方法により株主総会の招集を通知しなければならず、総会の日時、場所、目的事項等を記載または記録する必要がある（会社299条2項～4項）。なお、招集通知に記載されていない事項について決議した場合には、招集手続の法令違反として株主総会決議取消しの原因となる（会社831条1項1号）。

他方、書面投票・電子投票によらない会社のうち、取締役会非設置会社においては、電話や口頭で通知することができる。しかし、人的結合が強固な会社であることを前提としているとはいえ、一部の株主に招集通知がなかったことを理由として、株主総会決議取消訴訟が提起された場合には、口頭や電話で招集通知をしたことを立証することは容易ではない。

なお、取締役会設置会社においては、取締役は、株主に対する定時株主総会の招集通知に、計算書類および事業報告（監査報告または会計監査報告を含む）を添付しなければならないが（会社437条）、取締役会非設置会社では、計算書類および事業報告の添付をする必要はない。

(3) 運　営

①　議題の決定

株主総会の議題は取締役により決定されるが（会社298条1項2号）、取締役会設置会社では取締役会が決定する（会社298条4項）。また、株主は、取締役に対し、一定の事項を株主総会の目的とすることを請求することができる（会社303条1項）。ただし、取締役会設置会社においては、6ヶ月前から引き続き総株主の議決権の100分の1以上または300個以上の議決権を有する株主には、取締役に対する株主提案権が認められているが、株主総会の8週間前までに書面で請求する必要がある（会社303条2項・305条1項）。なお、非公開会社で取締役会設置会社は、6ヶ月の株式保有期間制限はない（会社303条3項・305条2項）。

②　株主提案権

以前から、同一の株主により膨大な数の議案が提案される場合や、会社を困惑させる目的で議案が提案される場合など、株主提案権が濫用的に行使される事例が見られた。株主提案権が濫用的に行使されることにより、株主総会における審議の時間等が無駄に割かれ、株主総会の機能が害されたり、株式会社における検討や招集通知の印刷等に要するコストが増加したりすることなどが弊害として指摘されていた。

どのような場合に株主提案権の行使が権利濫用に該当すると認められるかは必ずしも明確ではなく、実務上、株主提案権が行使された場合には、株式会社が株主提案権の行使を権利濫用に該当すると判断することは難しいと指摘されていた。

そこで、株主提案権の濫用的な行使を制限するための措置として、株主が株主総会において提案できる議案の数を制限する規律を新設する会社法の改正がされた。

株主提案権には議題提案権と議案提出権があり、議題提案権とは、会社が招集する株主総会で一定の事項を議題とすることを請求できる権利であり、議案提出権とは、その提出する議案の内容を招集通知に記載することを請求できる権利である。ただし、株主が提出した議案が、(a)法令または定款に違反する場合、(b)実質的に同一の議案につき、株主総会において総株主の議決権の10分の1（これを下回る割合を定款で定めた場合は、その割合）以上の賛成が得られなかった日から3年を経過していない場合には、議案提出権は認められない（会社304条ただし書・305条6項）。

また、取締役会設置会社の株主が、株主総会において、その株主が提出しようとする議案の数が10を超えるときは、10を超える数に相当することとなる数の議案については適用しないものとする。この場合において、次に掲げる議案の数については、次に掲げる議案の区分に応じ定めるものとする（会社305条4項）。

(a)　取締役、会計参与、監査役または会計監査人（以下において「役員等」という。）の選任に関する議案は、その議案の数にかかわらず、これを1の議案とみなす。

(b)　役員等の解任に関する議案は、その議案の数にかかわらず、これを1の議案とみなす。

(c)　会計監査人を再任しないことに関する議案は、その議案の数にかかわらず、これを1の議案とみなす。

(d)　定款の変更に関する2以上の議案は、その2以上の議案について異なる議決がされたとすれば、その議決の内容が相互に矛盾する可能性がある場合には、これらを1の議案とみなす。

なお、取締役会設置会社の株主が株主総会において、その株主が提出しようとする議案の数が10を超えるときにおける10を超える数に相当することとなる数の議案は、取締役がこれを定めるものとする。ただし、その株主がその請求と併せてその株主が提出しようとする2以上の議案の全部または一部につき議案相互間の優先順位を定めている場合には、取締役は、その優先順位に従い定めるものとする（会社305条5項）。

また、取締役会設置会社においては、株主総会の議題以外は決議することはできない（会社309条5項）。ところが、反対解釈として、取締役会非設置会社では、株主総会において、招集の際に定められた議題以外の、株主が単独で提案した事項を決議することができる。したがって、取締役の解任や選任などの経営権に関する予定外の提案がされる危険性がある。

③　総会検査役

株式会社または議決権を有する総株主の議決権の100分の1以上の議決権を有する株主は、株主総会に先立ち、株主総会に係る招集手続および決議の方法を調査させるため、検査役の選任を裁判所に対し請求する権利が認められている（会社306条1項）。ただし、公開会社においては、6ヶ月前から引き続き株式を有する株主に限る（会社306条2項）。

検査役は、調査結果を裁判所に報告し（会社306条5項）、裁判所は、必要があると認めるときは、取締役に対し、一定の期間内に株主総会を招集すること、および検査役の調査の結果を株主に通知することを命じなければならない（会社307条1項）。

④　議決権

株主は、株主総会において、その有する株式1株につき1個の議決権を有する（1株1議決権の原則）。ただし、単元株制度を採用している会社では、1単元につき1個の議決権である（会社308条1項）。しかし、次の場合には議決権は認められていない。ⓐ議決権制限株式（会社115条）、ⓑ自己株式（会社308条2項）、ⓒ2社以上での相互保有株式で、1社が他社の総株主の議決権の4分の1以上を所有すること、その他の事由を通じて、その経営を実質的に支配することが可能な関係にある場合（会社308条1項かっこ内）、ⓓ単元未満株式

(会社189条1項)、(e)特別利害関係を有する株主（特別利害関係人）が所有する株式、(f)株主名簿の基準日後に発行された株式（株式会社の判断により、基準日後に取得した株式でも、議決権を認められる場合を除く）(会社124条）などである。

⑤　議決権の代理行使と不統一行使

株主自身が議決権を行使できない場合には代理人による行使が認められている。この場合、代理権を証明する書面（電磁的方法でも可）を会社に提出しなければならない（会社310条1項・3項)。なお、代理権の授与は総会ごとに行うことを要し（会社310条2項)、会社は、株主総会に出席できる代理人の人数を制限することができる（会社310条5項)。

なお、信託会社に株式が信託されている場合や従業員持株制度を採用している場合、外国預託証券が発行されている場合には、議決権の一部を賛成に、残りを反対に行使することができる議決権の不統一行使が認められている（会社313条1項)。ただし、取締役会設置会社においては、総会日の3日前に会社に対し不統一行使をする旨と理由を通知する必要がある（会社313条2項)。

しかし、会社は、株主が他人のために株式を有する場合以外には、議決権の不統一行使を拒否することができる（会社313条3項)。なお、取締役会非設置会社においては、事前通知は必要ない。

⑥　投票制度

株主が直接総会に出席できなくても議決権を行使できる制度として、書面投票制度と電子投票制度がある。

(a)　書面投票制度

書面投票制度とは、取締役（取締役会設置会社においては取締役会）が、株主総会に出席しない株主が書面をもって議決権を行使できることを定めることができる制度をいう（会社298条1項3号・4項)。

取締役は、議決権を有する株主の数が1,000人以上である場合には、書面投票制度を採用しなければならない（会社298条2項本文）。ただし、上場会社については、委任状による議決権代理行使の勧誘制度を選択する場合には、書面投票制度を採用しなくてもよい（会社298条2項ただし書）。

なお、取締役は、書面投票制度を採用した場合には、株主総会の招集通知に際し、株主に対し、議決権の行使について参考となるべき事項を記載した株主総会参考書類（議案の説明書類）および株主が議決権を行使するための議決権行使書面（投票用紙）を交付しなければならない（会社301条1項）。

(b)　電子投票制度

電子投票制度とは、取締役（取締役会設置会社においては取締役会）が、株主総会に出席しない株主が電磁的方法をもって議決権を行使できることを定めることができる制度をいう（会社298条1項4号・4項）。株主の権利行使の機会が拡充されるとともに、郵送料および印刷費等のコストが削減できるというメリットがある。

なお、株主総会の招集通知を、書面による通知に代えて電磁的方法によることを承諾した株主に対し、電磁的方法による通知を発するときは、株主総会参考書類および議決権行使書面の交付に代えて、これらの書類に記載すべき事項を電磁的方法により提供することができる。ただし、株主の請求があったときは、これらの書類を交付しなければならない（会社299条3項・301条2項）。

⑦　議事運営と取締役等の説明義務

株主総会の議事運営には議長があたり、総会の議事を円滑に進めるために、総会の秩序を維持し議事を整理する権限を有する（会社315条1項）。それゆえ、命令に従わない者や総会の秩序を乱す者を退場させることができる（会社315条2項）。

また、取締役（社外取締役を含む）、会計参与、監査役（社外監査役を含む）および執行役は、株主総会において、株主から特定の事項について説明を求められた場合には、必要な説明をしなければならない（会社314条本文）。したがって、拒絶理由もないのに説明を拒否すると株主総会決議取消しの原因となる。ただし、(a)株主総会の目的たる事項と無関係な場合、(b)説明することにより株主共同の利益を著しく害する場合、(c)その他正当な事由がある場合として法務省令で定める場合、には説明を拒絶することができる（会社314条ただし書）。

⑧　議事録

株式会社は、株主総会の議事について議事録を作成し（会社318条1項）、議事録の原本は10年間本店に備え置き、謄本は5年間支店に備え置くことが義務付けられている。ただし、電磁的記録で作成され、閲覧・謄写の請求に応ずることができるときは、支店における備え置きは必要ない（会社318条2項・3項、会社施規227条2号）。

また、株主および債権者は、会社の営業時間内であれば、議事録の閲覧・謄写の請求をすることができ（会社318条4項）、親会社の社員も、その権利を行使するために必要があるときは、裁判所の許可を得て、議事録の閲覧・謄写請求権が認められている（会社318条5項）。

なお、中小会社では、従来、株主総会を開催しないで株主総会議事録を作成することが多かった。しかし、訴訟になり、決議不存在確認の訴えが提起された場合には、会社経営に深刻な影響を与えかねないので留意する必要がある。

(4)　決議方法

株主総会の決議方法は決議事項により、普通決議、特別決議、特殊決議に分かれる。ただし、株主総会の決議事項について、議決権を行使できる株主全員が、取締役または株主の提案内容につき書面または電磁的記録により同意した場合には、その提案を可決した総会決議があったものとみなし、株主総会を開催する必要はない（会社319条1項)。

①　普通決議

議決権を行使できる株主の議決権の過半数を有する株主が出席し(定足数)、出席した株主の議決権の過半数をもって行う決議を普通決議という(会社309条1項)。普通決議で決議できる事項には、役員の選任・解任(会社329条1項・339条1項)、計算書類の承認(会社438条2項)、資本金の額の増加(会社450条2項)などがある。

また、定足数は定款で変更することが可能であり、定足数の定めを排除することもできる。ただし、株主の意思を決議に反映させる必要から、取締役・監査役・会計参与の選任または解任の決議については、決議要件につき、出席株主の議決権の過半数を上回る割合を定款で定めた場合には、その割合以上に引き上げることができ、定款の定めによっても、定足数を総株主の議決権の3分の1未満に定めることは認められない(会社341条)。

②　特別決議

議決権を行使できる株主の議決権の過半数を有する株主が出席し(定足数)、出席した株主の議決権の3分の2以上の多数決をもって行う決議を特別決議という。なお、一定数以上の株主(株主全員も含む)の賛成を必要とする旨その他、決議要件の加重要件を定款で定めることも認められている(会社309条2項)。

特別決議による決議事項には、株式・新株予約権および自己株式取得に関する事項、監査役の解任、役員等の責任の一部免除、資本金の額の減少、定款変更、事業譲渡、解散、組織変更、組織再編に関する事項などがある(会社309条2項各号)。

③　特殊決議

特別決議よりも重い要件が要求される事項を決定するときに行われる決議方法を特殊決議といい、次のものが該当する。(a)全部の株式が譲渡制限株式に変わる旨の定款の定めを設ける定款変更を行う場合、および(b)公開会社が消滅会社または完全子会社となる組織再編行為（合併・株式交換・株式移転）により、株主に対して交付する金銭等の全部または一部が譲渡制限株式である場合の承認については、株主総会（種類株主総会を除く）の決議は、その株主総会において議決権を行使できる株主の半数以上であって、その株主の議決権の3分の2以上の賛成が要求されている（会社309条3項）。

また、(c)非公開会社は、保有株式数にかかわらず1人1議決権や株主全員同額配当、または1株だけ議決権株式とし他の株式はすべて無議決権株式とするなど、剰余金の配当・残余財産の分配・株主総会における議決権に関して株主ごとに異なる取扱いをする旨の定款変更を行うことができるが（会社109条2項）、この場合（定款の定めを廃止するものを除く）の株主総会の決議は、総株主の半数以上であって、総株主の議決権の4分の3以上の多数の賛成が要求される（会社309条4項）。

④　株式買取請求権

(a)事業の譲渡等と同時に解散の決議がなされる場合を除く事業の譲渡等の決議（会社469条）、(b)株式譲渡制限を定める定款変更決議（会社116条1項1号）、(c)合併等の決議（会社785条1項・797条1項・806条1項）、のあった株主総会においては、決議に反対した株主を保護するため、会社に対して、公正な価格での株式買取請求権が認められている。

この場合、株主総会に先立って反対する旨を会社に通知し、かつ株主総会において反対した場合に限り認められる。なお、議決権のない株主であっても、組織再編の場合には株式買取請求権が認められている。

(5)　種類株主総会

①　権　限

種類株主の株主間の権利の調整が必要な場合に種類株主総会が開

催される。種類株主総会は、会社法に規定する事項および定款で定めた事項に限り決議することができる（会社321条）。ある種類の株式の種類株主に損害を及ぼすおそれがあるときは、種類株主総会（その種類株主に係る株式の種類が2以上ある場合にあっては、各種類株主総会の決議が必要である）の特別決議がなければ効力は生じない（会社322条1項・324条2項4号）。

さらに、株主総会において決議すべき事項について、その決議のほか種類株主総会の決議を必要とする旨の定款の定めがあるときは、種類株主総会の決議がなければ効力は生じない（会社323条）。

②　決議方法

種類株主総会の決議方法には、普通決議、特別決議、特殊決議がある。普通決議は、定款に別段の定めがある場合を除き、その種類株式の総株主の議決権の過半数を有する株主が出席し、出席した株主の議決権の過半数をもって行う（会社324条1項）。特別決議は、議決権を行使できる株主の議決権の過半数（3分の1以上の割合を定款で定めた場合は、その割合以上）を有する株主が出席し、出席した株主の議決権の3分の2（これを上回る割合を定款で定めた場合には、その割合）以上の多数をもって行わなければならない。この場合、その決議要件に加えて、一定の数以上の株主の賛成を要する旨その他の要件を定款で定め加重することができる（会社324条2項）。特殊決議は、その種類株主総会において議決権を行使できる株主の半数以上（これを上回る割合を定款で定めた場合は、その割合以上）であって、その株主の議決権の3分の2（これを上回る割合を定款で定めた場合は、その割合）以上の多数をもって行わなければならない（会社324条3項）。なお、株主総会に関する規定は、種類株主総会に準用する（会社325条）。

(6)　電子提供制度

「株主総会資料の電子提供制度」については、改正前会社法では、株主総会の招集の通知に際して、株主に対して株主総会資料（株主総会参考書類、議決権行使書面、計算書類および事業報告、連結計算書類など）を提供しなければならなかった。インターネットで提供することもできたが、その場合には、株主の個別の承諾が必要であった。

インターネットを利用して株主総会資料を提供することを促進するため、定款で電子提供すると定めれば、株主の個別の承諾を得ることなく、インターネットで株主総会資料を提供することができる「電子提供制度」が新設された。ただし、議決権行使書面については、電子提供制度によらず、書面で送ることも認められている。

①　電子提供措置

株式会社は、株主総会資料の交付または提供に代えて、株主総会資料の情報をインターネット上のウェブサイトに掲載して、株主が提供を受けることができる状態に置く「電子提供措置」をとる旨を定款で定めることができる（会社325条の2）。

電子提供措置をとる旨の定款の定めがある株式会社の取締役は、会社法299条2項各号に規定する場合（株主総会に出席しない株主に書面投票や電子投票による旨を定めている場合、または取締役会設置会社である場合）には、株主総会の日の3週間前の日または株主総会の招集の通知を発した日のいずれか早い日（以下、「電子提供措置開始日」という）から株主総会の日以後3か月を経過する日までの間（以下、「電子提供措置期間」という）、電子提供措置事項に係る情報について継続して電子提供措置を採らなければならない（会社325条の3第1項）。

ただし、株主総会招集通知に際して、株主に対し議決権行使書面を交付するときは、議決権行使書面に記載すべき事項に係る情報については電子提供措置をとる必要はない（会社325条の3第2項）。これは、議決権行使書面と電子提供措置により同じ情報を重複して提供する必要はないからである。

また、有価証券報告書を内閣総理大臣に提出しなければならない株式会社が、電子提供措置開始日までに、定時株主総会に係る事項が記載された有価証券報告書の提出の手続を、開示用電子情報処理組織（EDINET）を使用して行う場合には、電子提供措置をとる必要はない（会社325条の3第3項）。

なお、社債、株式等の振替に関する法律（振替法）128条1項に規定する振替株式を発行する会社は、電子提供措置をとる旨を定款で定めなければならない（振替法159条の2第1項）。

②　株主総会の招集の通知等の特則

電子提供措置をとる旨の定款の定めがある公開会社でない株式会社において、株主総会の招集の通知の発送期限は、株主総会の日の2週間前までとする（会社325条の4第1項）。

また、電子提供措置をとる旨の定款の定めがある株式会社においては、書面または電磁的方法による株主総会の招集の通知には、(a)株主総会の日時および場所、(b)株主総会の目的事項、(c)株主総会に出席しない株主が書面によって議決権を行使することができることとする旨、(d)株主総会に出席しない株主が電磁的方法によって議決権を行使することができることとする旨、(e)電子提供措置をとっている旨、(f)開示用電子情報処理組織を使用している旨、(g)(e)および(f)に掲げるものほか法務省令で定める事項、を記載または記録しなければならない（会社325条の4第2項）。

③　書面交付請求

インターネットを利用することが困難な株主の利益に配慮する必要があることから、電子提供措置をとる旨の定款の定めがある株式会社の株主は、その株式会社に対して、電子提供措置事項を記載した書面の交付を請求することができる（以下、「書面交付請求」という）（会社325条の5第1項）。

この場合、取締役は、株主総会の議決権を行使することができる者を定めるための基準日を定めたときは、その基準日までに書面交付請求をした株主に対してのみ書面を交付しなければならない（会社325条の5第2項）。

なお、書面交付請求をした株主がある場合において、その書面交付請求の日（その株主が異議を述べた場合にあっては、その異議を述べた日）から1年を経過したときは、株式会社は、その株主に対し、書面の交付を終了する旨を通知し、かつ、これに異議のある場合には一定の期間（催告期間）内に異議を述べるべき旨を催告することができる。ただし、催告期間は1か月を下ることができない（会社325条の5第4項）。この通知および催告を受けた株主がした書面交付請求は、催告期間を経過した時にその効力を失う。ただし、その株主が催告期間内に異議を述べたときは、この限りでない（会社325条の5第5項）。

④　電子提供措置の中断

電子提供措置期間中に、電子提供措置の中断（株主が提供を受けることができる状態に置かれた情報がその状態に置かれないこととなったこと、またはその情報がその状態に置かれた後改変されたことをいう）が生じた場合において、(a)電子提供措置の中断が生ずることにつき株式会社が善意でかつ重大な過失がないこと、または株式会社に正当な事由があること、(b)電子提供措置の中断が生じた時間の合計が電子提供措置期間の10分の1を超えないこと、(c)電子提供措置開始日から株主総会の日までの期間中に電子提供措置の中断が生じたときは、その期間中に電子提供措置の中断が生じた時間の合計がその期間の10分の1を超えないこと、(d)株式会社が電子提供措置の中断が生じたことを知った後、速やかにその旨、電子提供措置の中断が生じた時間および電子提供措置の中断の内容である情報について、その電子提供措置に付して電子提供措置をとったこと、のいずれにも該当するときは、その電子提供措置の中断は、その電子提供措置の効力に影響を及ぼさない（会社325条の6）。

(7) 決議の瑕疵を争う訴訟

株主総会や種類株主総会の決議成立までの手続や決議内容に瑕疵がある場合には、次の3種類の訴訟方法が認められている。

①　決議不存在確認の訴え（会社830条1項）

決議不存在確認の訴えは確認訴訟（一定の権利または法律関係が存在するかどうかについて判決を求める訴え）であり、株主総会および種類株主総会の招集手続や決議方法に著しい瑕疵があり、株主総会の存在を認めることができない場合や、株主総会を開催していないのに、総会決議の議事録が作成されている場合など決議が存在しえない場合には、提訴権者（原告適格）や提訴期間の制限はなく、誰でも、いつでも、決議不存在確認の訴えを起こすことが認められている。なお、判決が確定すると対世効を有し、瑕疵の程度が重いことから、裁判所の裁量棄却の対象とはならない。

②　決議無効確認の訴え（会社830条2項）

決議無効確認の訴えは確認訴訟であり、株主総会および種類株主総会の決議内容が法令に違反する場合（違法な内容の計算書類の承認決議、公序良俗に違反する定款変更決議、株主有限責任の原則違反の決議、株主平等の原則違反の決議、株主総会の権限外の決議など）には、提訴権者（原告適格）や提訴期間の制限はなく、誰でも、いつでも、決議無効確認の訴えを提起することができる。なお、判決が確定すると対世効を有し、瑕疵の程度が重いことから、裁判所が裁量棄却することは認められない。

③　決議取消しの訴え（会社831条）

決議取消しの訴えは形成訴訟（権利関係の変更または新たな権利関係の発生を宣言する判決を求める訴え）であり、株主総会および種類株主総会の決議につき、招集の手続または決議の方法の法令・定款違反または著しく不公正な場合、決議内容が定款に違反する場合、特別利害関係のある株主の議決権の行使による著しく不当な決議がなされた場合には、株主、取締役、監査役、清算人は決議の日から3ヵ月以内であれば、決議取消しの訴えを提起することが認められている。

なお、判決が確定すると、その判決は第三者に対しても効力を有する対世効を有し（会社838条）、遡って無効となる遡及効については規定がないため、判例により有すると解されている。また、裁判所は、その違反する事実が重大でなく、かつ、決議に影響を及ぼさないものであると認めるときは裁量棄却することができる。

3　取締役と取締役会

(1)　取締役とは

①　選　任

会社の経営者である取締役は、株式会社に必ず1人以上置かなければならない（会社326条1項）。株主総会の普通決議により選任され（会社329条1項）、欠員に備えて、補欠取締役を選任することもできる（会社329条3項）。ただし、取締役という地位の重要性から、多くの株主の意思を株主総会の決議に反映させるために、定足数を総株主の議決権の3分の1未満にすることはできない（会社341条）。

②　業務執行と代表

取締役は、定款に別段の定めがある場合を除き、株式会社（取締役会設置会社を除く）の業務を執行し（会社348条1項）、株式会社を代表するが、取締役が2人以上いる場合には、各自会社を代表する（会社349条1項本文・2項）。ただし、定款、定款の定めに基づく取締役の互選または株主総会の決議によって、取締役の中から代表取締役を定めることができ（会社349条3項）、代表取締役その他代表者を定めた場合には、他の取締役には代表権はない（会社349条1項ただし書）。なお、株主総会で選任された取締役の氏名は登記事項である（会社911条3項13号）。

③　資　格

取締役の資格は特別に要求されないが、法人および一定の犯罪歴を有する欠格者は取締役になることはできない（会社331条1項）。しかし、制限行為能力者である未成年者は、法定代理人（親権者または後見人）の同意があれば、成年者と同一の能力を有すると認められることから取締役になることができる（民6条・823条・857条）。

また、成年被後見人が取締役に就任するには、その成年後見人が、成年被後見人の同意（後見監督人がある場合にあっては、成年被後見人および後見監督人の同意）を得た上で、成年被後見人に代わって就任の承諾をしなければならない（会社331条の2第1項）。

さらに、被保佐人が取締役に就任するには、その保佐人の同意を得なければならない（会社331条の2第2項）。なお、成年被後見人または被保佐人がした取締役の資格に基づく行為は、行為能力の制限によっては取り消すことができない（会社331条の2第4項）。

一方、会社に個人債務保証をして破産した経営者に対し、経済的再生の機会を与えるために、破産手続開始の決定を受け、復権前の破産者でも、株主総会の決議により取締役になることができる。

また、公開会社については、取締役を株主に限定する旨を定款で定めることはできないが、所有と経営が一致している非公開会社においては、定款自治に委ねられ、定款の定めにより、取締役を株主に限ることができる（会社331条2項）。

④　員数・任期

取締役会設置会社においては、取締役は3人以上であることが義務付けられているが（会社331条5項）、取締役会非設置会社では1人でもよい（会社326条1項）。

さらに、株式会社の取締役の任期については、選任後2年以内（監査等委員会設置会社および指名委員会等設置会社については選任後1年以内）に終了する事業年度のうち最終のものに関する定時株主総会の終結の時までを原則とするが、定款または株主総会の決議で短縮することができる（会社332条1項・3項・6項）。

なお、監査等委員会設置会社および指名委員会等設置会社を除く非公開会社においては、所有と経営が分離されていないことが多いので、定款により、任期を10年まで伸長することができる（会社332条2項）。

⑤　報酬等

取締役の報酬、賞与、その他の職務遂行の対価として株式会社から受ける財産上の利益（以下、報酬等）について、(a)報酬等の額、(b)報酬等の額が確定していないものについては、その具体的な算定方法、(c)報酬等のうちその株式会社の募集株式または募集新株予約権については、その数の上限その他法務省令で定める事項、(d)報酬等のうちその株式会社の募集株式または募集新株予約権と引換えにする払込みに充てるための金銭については、取締役が引き受ける募集株式または募集新株予約権の数の上限その他法務省令で定める事項、(e)報酬等のうち金銭でないもの（その株式会社の募集株式および募集新株予約権を除く）については、その具体的な内容を、定款にその事項を定めていないときは、株主総会の普通決議により定められる（会社361条1項）。

なお、報酬等に関する事項を定め、これを改定する議案を株主総会に提出した取締役は、株主総会において、その事項を相当とする理由を説明しなければならない（会社361条4項）。

また、監査役会設置会社（公開会社であり、かつ、大会社であるものに限る）であって、金融商品取引法第24条第1項の規定によりその発行する株式について有価証券報告書を内閣総理大臣に提出しなければならないものおよび監査等委員会設置会社の取締役会は、取締役（監査等委員である取締役を除く）の報酬等の内容として、定款または株主総会決議による定めがある場合には、その定めに基づく取締役の個人別の報酬等の内容についての決定に関する方針として法務省令に定める事項を決定しなければならない。ただし、取締役の個人別の報酬等の内容が、定款または株主総会決議により定められているときは、この限りではない（会社361条7項）。

⑥　解　任

取締役を解任する株主総会の決議は、選任決議同様、普通決議によらなければならないが、その定足数は、議決権を行使できる株主の議決権の過半数とし、3分の1以上の割合を定款で定めた場合には、その割合以上を要する（会社341条）。

(2)　社外取締役

①　社外取締役の意義

社外取締役とは、資本や取引と関係のない社外からの取締役のことをいう。その会社の業務執行には従事せず、株主の視点も踏まえた経営全体の監督が期待されている。社外取締役の採用により、業務執行と監督の機能を分離し、社内のしがらみや利害関係にとらわれず、外部の目によるチェックで独立性と透明性の高いモニタリング機能が強化されることから、コーポレートガバナンスを強化する目的で導入された。

海外では、社外取締役の選任が義務化されている国が多く、アメリカでは取締役の過半数が社外取締役である。日本でも、企業の不祥事が続くなか、中立的立場から、経営の透明性や株主を重視した経営の必要性が高まり、社外取締役が義務化された。しかし、社外取締役の人材不足や本来の目的からかけ離れた活用などが見受けられ危惧される面もある。

社外取締役は、(a)株式会社の取締役であって、その株式会社または子会社の業務執行取締役（代表取締役および業務担当取締役）もしくは執行役または支配人その他の使用人（以下「業務執行取締役等」

という）でなく、かつ、就任の前10年間その株式会社またはその子会社の業務執行取締役等であったことがないこと、(b)その就任の前10年間のいずれかの時において、その株式会社または子会社の取締役、会計参与または監査役であったことがある者（業務執行取締役等であったことがあるものを除く）にあっては、その取締役、会計参与または監査役への就任の前10年間その株式会社またはその子会社の業務執行取締役等であったことがないこと、(c)その株式会社の親会社等（会社の経営を支配している自然人であるものに限る）または親会社等の取締役もしくは執行役または支配人その他の使用人でないこと、(d)その株式会社の親会社等の子会社等（その株式会社およびその子会社を除く兄弟会社）の業務執行取締役等でないこと、(e)その株式会社の取締役もしくは執行役または支配人その他の重要な使用人または親会社等（会社の経営を支配している自然人であるものに限る）の配偶者または2親等内の親族でないこと、のいずれの要件にも該当するものをいう（会社2条15号）。

②　社外取締役の設置義務

監査役会設置の公開大会社において、社外取締役を置いていない場合には、社外取締役を置くことが相当でない理由を定時株主総会で説明しなければならなかった（改正前会社327条の2）。しかし、会社法の改正にあたり、社外取締役設置の義務化をするかどうかが議論されたが、「監査役会設置会社（公開会社であり、かつ、大会社であるものに限る）であって金融商品取引法第24条第1項の規定によりその発行する株式について有価証券報告書を内閣総理大臣に提出しなければならないものは、社外取締役を置かなければならない」（改正後会社327条の2）と改正され、社外取締役の設置は義務化されることになった。

また、コーポレートガバナンス・コード（原則4－8）においても、「上場会社は、社外取締役を少なくとも2名以上選任すべきである。

また、自主的な判断により、少なくとも3分の1以上の社外取締役を選任することが必要と考える上場会社は、そのための取組み方針を開示すべきである」とされていたが、「上場会社は、独立社外取締役を少なくとも2名以上選任すべきである。また、少なくとも3分の1以上の独立社外取締役を選任することが必要と考える上場会社は、十分な人数の独立社外取締役を選任すべきである」に改訂された。

③　業務執行の社外取締役への委託

株式会社が社外取締役を置いている場合において、その株式会社と取締役（指名委員会等設置会社にあっては、執行役）との利益が相反する状況にあるとき、その他取締役（指名委員会等設置会社にあっては、執行役）がその株式会社の業務を執行することにより株主の利益を損なうおそれがあるときは、その株式会社は、その都度、取締役の決定（取締役会設置会社および指名委員会等設置会社にあっては、取締役会の決議）によって、その株式会社の業務を執行することを社外取締役に委託することができる（会社348条の2第1項・2項）。

ただし、社外取締役が業務執行取締役（指名委員会等設置会社にあっては、執行役）の指揮命令により委託された業務を執行したときは、この限りでない（会社348条の2第3項）。

④　登　記

株主総会で選任された取締役の氏名は登記事項であるが、社外取締役は、会社との間で責任限度額をあらかじめ定める契約を締結することができる旨を定款で定めた場合、その定めは登記事項となるので、社外取締役も登記事項となる（会社427条1項・911条3項25号）。さらに、監査等委員会設置会社または指名委員会等設置会社のいずれかを選択した場合、または特別取締役制度を採用する場合には、社外取締役は登記事項となる（会社911条3項21号～23号）。

(3) 代表取締役

① 代表取締役とは

代表取締役とは、指名委員会等設置会社以外の会社において、対外的には会社を代表し、対内的には業務執行を行い、取締役会設置会社においては、株式会社を代表する代表権を有する常設の機関である。取締役会は、代表取締役の選定権や解職権（会社362条2項3号）のほか取締役の監督権も有し（会社362条2項2号）、取締役の中から代表取締役を選定しなければならない（会社362条3項）。また、取締役会非設置会社では、代表取締役の選定は任意であり、選定しない場合には、各取締役が会社を代表する（会社349条1項～3項）。

② 員数・任期・資格

代表取締役の員数については、法律上の規定はなく1人以上であればよく数人でもよい。任期は取締役の資格を前提としているので、取締役の任期を超えることはできない。つまり、取締役の地位を喪失すれば、代表取締役の資格を維持することはできない。なお、代表取締役の氏名および住所は登記事項である（会社911条3項14号）。

③ 権　限

代表取締役は、会社の事業に関する一切の裁判上および裁判外の行為をする権限を有し（会社349条4項）、内部的に制限しても善意の第三者に対抗することはできない（会社349条5項）。さらに、会社は、代表取締役その他の代表者がその職務を行うについて、第三者に加えた損害を賠償する責任を負う（会社350条）。

なお、会社と取締役の間の訴訟については、代表取締役としての代表権はなく、会社が取締役（取締役であった者を含む）に対し、または取締役が会社に対して訴えを提起する場合には、株主総会は、その訴えについて会社を代表する者を定めることができる（会社353条）。ただし、監査役設置会社においては、監査役が会社を代表する（会社386条1項）。

④　表見代表取締役

外観的に代表取締役と認められるような名称（社長・副社長・頭取・理事長など）であるが、代表権のない取締役の行った行為は、外観を信じた善意の第三者を保護する必要から、会社が善意の第三者に対して責任を負う（会社354条）。このような取締役を表見代表取締役という。

(4)　取締役会

①　職務と権限

非公開会社は、取締役会の設置は任意であるが、公開会社、監査役会設置会社、監査等委員会設置会社、指名委員会等設置会社は、取締役会の設置が強制される（会社327条1項）。

取締役会は、すべての取締役（社外取締役を含む）で組織され（会社362条1項）、業務執行の決定、取締役の監視・監督および取締役の中から代表取締役を選定しまたは解職する（会社362条2項・3項）。なお、社外取締役は、取締役会の構成員として決議に加わる義務がある。さらに、社外監査役も取締役会に出席して、必要があるときには意見を述べなければならない。

取締役会は、(a)重要な財産の処分および譲受け、(b)多額の借財、(c)支配人その他の重要な使用人の選任および解任、(d)支店その他の重要な組織の設置、変更および廃止、(e)募集社債の重要な募集事項、(f)内部統制システムの整備ならびに企業グループ内部統制システム、(g)定款の定めに基づく役員の責任免除、その他の重要な業務執行の決定を取締役に委任することができない（会社362条4項）。

取締役会の決定に基づいて、業務執行取締役（代表取締役および業務担当取締役）は業務を執行し（会社363条1項）、取締役会は、取締役の職務執行の監視・監督を行うため（会社362条2項2号）、業務執行取締役は、職務執行状況を、3か月に1回以上、取締役会に報告することを要求されている（会社363条2項）。

なお、健全な会社経営を行うためには、リスクの状況を把握し制御するリスク管理体制を整備する必要があることから、取締役の職務の執行が法令および定款に適合することを確保するための体制、その他株式会社の業務ならびにその株式会社および子会社から成る企業集団の業務の適正を確保するために必要な体制（内部統制システムならびに企業グループ内部統制システム）の整備を（会社348条3項4号・362条4項6号・399条の13第1項1号ハ・416条1項1号ホ）、監査役会設置会社の大会社では取締役または取締役会が、監査等委員会設置会社および指名委員会等設置会社においては取締役会が決定しなければならない（会社348条4項・362条5項・399条の13第2項・416条2項）。

②　招　集

取締役会の招集権者は、定款または取締役会の決議をもって特定の取締役に限定することはできるが、原則として各取締役である（会社366条1項）。なお、社外監査役を含む監査役は、取締役会に出席し、必要があると認めるときは、意見を述べなければならず（会社383条1項）、監査役も取締役に対する取締役会招集請求権を有する（会社383条2項）。

また、監査役設置会社および監査等委員会設置会社、指名委員会等設置会社を除く取締役会設置会社の株主は、取締役がその会社の目的外の行為その他法令もしくは定款に違反する行為をしたか、これらの行為をするおそれがあるときは、取締役会の招集を請求することができる（会社367条1項）。なお、招集権者がこれに応じないときは、自ら招集することができ（会社367条3項）、請求を行った株主は、取締役会に出席し意見を陳述することもできる（会社367条4項）。

また、取締役会の招集は、会日から1週間前までに各取締役および各監査役に対して通知をしなければならないが、定款でこの期間を短縮することができ（会社368条1項）、通知の方法は書面でも口頭でもよいが、招集通知なしに開催された取締役会決議は無効となる。ただし、取締役や監査役の全員の同意がある定例日開催は、招集手続を省略することが認められている（会社368条2項）。

③　決　議

取締役会における取締役の議決権は各自1個であり、取締役会の決議は、社外取締役を含む取締役の過半数が出席し、出席取締役の過半数の賛成をもって行うが、定款でこの要件を加重することは可能である（会社369条1項）。ただし、取締役会の決議において、取締役が特別利害関係人である場合には、取締役会議長になることおよび議決権を行使することはできず、定足数や議決権の数に算入することは認められない（会社369条2項）。なお、取締役は独任制の機関ではないため、取締役会の決議には必ず従わなければならない。

また、取締役会設置会社においては、取締役会の決議の目的事項について取締役が提案をした場合、取締役の全員が書面または電磁的記録により同意をしたときは、定款で取締役会の提案可決の決議（書面決議または電子決議）があったものとみなす旨を定めることができる。ただし、監査役設置会社において、監査役がその提案について異議を述べたときは認められない（会社370条）。

さらに、取締役会の決議を書面決議（持ち回り決議）で行うことができ、一定の要件を満たした電話会議やテレビ会議についても認められる。特に、海外や遠方に駐在する取締役がいる場合には、迅速な業務執行が可能となる。

なお、取締役会の決議に法令または定款に違反する瑕疵があった場合には、会社法上の規定はないが、誰でも、いつでも、無効を主張できるものと解されている。

④　議事録

取締役会の議事については、議事録を作成しなければならず（会社369条3項）、決議に参加し、議事録に異議をとどめなかった取締役は、その決議に賛成したものと推定され連帯して責任を負う（会社369条5項）。

特に、中小会社においては、取締役会を開催せず、取締役会議事録だけを作成する場合には、取締役の法的責任の問題が生じたときは争いとなるので、違法な方法による法的リスクを負うことのないよう注意する必要がある。

さらに、取締役会議事録または取締役全員の意思表示を記載・記録した書面または電磁的記録（以下、「議事録等」という）を、取締役会の日から10年間本店に備え置くことが義務付けられている（会社371条1項）。

株主は、その権利を行使するために必要なときは、会社の営業時間内であれば、議事録等の閲覧・謄写の請求をすることができるが（会社371条2項）、監査役設置会社または監査等委員会設置会社および指名委員会等設置会社の株主、および役員または執行役の責任を追及するために必要がある会社債権者または親会社社員は、裁判所の許可を得て、議事録等について閲覧・謄写を請求することができる（会社371条3項～5項）。

ただし、閲覧・謄写することにより、その会社またはその親会社もしくは子会社に著しい損害を及ぼす危険性があるときは、裁判所は許可をすることができない（会社371条6項）。

⑤　特別取締役

取締役会設置会社（指名委員会等設置会社を除く）において、取締役の数が6人以上であり、取締役のうち1人以上が社外取締役である場合には、取締役会は、重要な財産の処分および譲受け、多額の借財に関する取締役会の決議については、あらかじめ選定した3人以上の取締役（以下、「特別取締役」という）のうち、議決に加わることができるものの過半数（これを上回る割合を取締役会で定めた場合においては、その割合以上）が出席し、その過半数（これを上回る割合を取締役会で定めた場合においては、その割合以上）をもって行うことができる旨を定めることができる（会社373条1項）。

また、特別取締役の互選によって定められた者は、取締役会の決議後、遅滞なく、その決議内容を特別取締役以外の取締役に報告しなければならない（会社373条3項）。なお、監査役が2人以上いる場合、監査役の互選により、監査役の中から特別取締役による取締役会に出席する監査役を定めることができる（会社383条1項ただし書）。

(5)　取締役の義務と責任

取締役（社外取締役を含む）と会社は委任の関係にあり（会社330条）、取締役は、善良な管理者の注意をもって委任事務を処理すべき善管注意義務を負う（民644条）。また、取締役は、法令および定款の定めならびに株主総会の決議を守り、会社のために忠実に職務を遂行する忠実義務を負う（会社355条）。

さらに、取締役は、競業取引（取締役が自己または第三者のために株式会社の事業の部類に属する取引）、または利益相反取引（取締役が自己または第三者のために株式会社とする取引および株式会社が取締役の債務を保証するとき）をしようとするときには、取締役の地位を利用し、会社の利益を犠牲にして自己または第三者の利益を図るおそれがあるので、株主総会において、普通決議による承認が義務付けられている（会社356条1項）。

ただし、取締役会設置会社においては、取締役会の承認決議を必要とし（会社365条1項）、取締役は、その取引後、遅滞なく取締役会にその重要な事実を報告しなければならない（会社365条2項）。したがって、株主総会または取締役会の承認のない取引は無効であり、承認を受けずに取引をした取締役は、義務違反を理由として、株主総会の普通決議により解任され（会社339条1項）、損害賠償を請求される（会社423条）。

また、取締役は、会社に著しい損害を及ぼすおそれのある事実があることを発見したときは、直ちに、その事実を株主（監査役設置会社においては監査役、監査役会設置会社においては監査役会、監査等委員会設置会社においては監査等委員会）に報告しなければならない（会社357条）。

さらに、株式会社の業務の執行に関し、不正の行為または法令・定款に反する重大な事実があることを疑うに足りる事由があるときは、総株主の議決権の100分の3以上の議決権を有する株主、または発行済株式（自己株式を除く）の100分の3以上の数の株式を有する株主は、その会社の業務および財産の状況を調査させるために、裁判所に対し、検査役の選任の申立てをすることができる（会社358条1項）。

裁判所に選任された検査役は、必要な調査を行い、その調査の結果を記録または記載した書面または電磁的記録を、裁判所に提供して報告をしなければならない（会社358条5項）。また、検査役は、会社および検査役選任の申立てをした株主に対し、調査の結果を記載した書面の写しを交付し、または調査結果を記録した電磁的記録を提供しなければならない（会社358条7項）。

なお、裁判所は、検査役の報告により必要があると認めるときは、取締役に対し、一定の期間内に株主総会を招集すること、または検査役の調査の結果を株主に通知することの全部または一部を命じなければならない（会社359条1項）。また、裁判所が株主総会の招集を命じた場合には、取締役は、検査役の報告の内容を調査し、株主総会において報告し開示しなければならない（会社359条2項・3項）。

また、6か月前から引き続き株式を有する株主（非公開会社については、6か月の保有期間制限はない）に対し、取締役が会社の目的の範囲外の行為その他法令・定款の具体的規定に違反する行為をし、またはこれらの行為をするおそれがある場合、その行為によって会社に著しい損害が生ずるおそれがあるときは、事前にこれを防止するために、取締役の違法行為差止請求権を認めている（会社360条1項・2項）。なお、差止請求権は監査役にも認められている（会社385条）。しかし、会社が権利を行使しない場合に、株主が会社に代わって取締役に請求するものである。

4　会計参与

(1)　会計参与とは

会社法の制定に伴い、最低資本金制度が廃止され、株主有限責任制度のもとで会社債権者保護を図るには、会社の適正な財務情報の開示が重要となる。そのため、計算書類の信頼性および適正性を担保することを目的とする制度として、会計参与制度が導入された。

会計参与は、定款の定めによって規模や機関設計にかかわらず、任意に設置することができる株式会社の業務執行機関であり（会社326条2項）、取締役または執行役と共同して計算書類等を作成する権限を有する。ただし、持分会社や特例有限会社は、会計参与を設置することができない。

なお、取締役会設置の非公開中小会社においては、会計参与を設置する場合には、監査役（監査役会を含む）または委員会の設置義務はない（会社327条2項ただし書）。

①　選解任

会計参与の選任は、株主総会の普通決議により行われるが、定款をもって加重することも可能であり（会社329条1項・341条）、設立の際には、発起人または創立総会により選任される（会社38条3項1号・88条）。また、補欠の会計参与の選任も認められている（会社

329条3項)。

また、株主総会の普通決議で会計参与を解任することができ（会社339条1項・341条)、株主総会において、会計参与は、会計参与の選任もしくは解任または辞任についての意見陳述が認められている(会社345条1項)。さらに、会計参与の氏名または名称、計算書類等の備置場所を登記することが義務付けられている（会社911条3項16号)。

②　資　格

会計参与は、公認会計士・監査法人または税理士・税理士法人でなければならないが（会社333条1項)、会社の会計監査人となることはできず（会社337条3項1号)、会社またはその子会社の取締役、監査役もしくは執行役または支配人その他の使用人との兼任は禁止されている（会社333条3項1号)。なお、顧問税理士は、顧問税理士のまま会計参与を兼務することができる。

③　任　期

会計参与の任期については、取締役の規定が準用され、原則として2年であるが、監査等委員会設置会社および指名委員会等設置会社では、原則1年である。なお、非公開会社においては、定款により10年まで伸長することができる（会社334条1項)。

(2)　職務と権限

①　計算書類等の作成

会計参与は、計算書類等（計算書類およびその附属明細書、臨時計算書類、連結計算書類）を、取締役または執行役（指名委員会等設置会社）と共同で作成し、その作成経過等について会計参与報告を作成することを職務としている（会社374条1項・6項)。なお、会計参与の職務執行は、監査役（監査役設置会社）または監査等委員会（監査等委員会設置会社）および監査委員会（指名委員会等設置会社）の監査の対象となる（会社381条1項・399条の2第3項1号・404条2項1号)。

②　調査権

会計帳簿または関連資料（書面または電磁的記録）の閲覧または謄写をし、取締役および執行役ならびに支配人その他の使用人に対して、会計に関する報告を求めることが認められている（会社374条2項・6項）。さらに、必要があるときは、子会社に対して会計に関する報告を求め、会社およびその子会社の業務および財産の状況の調査をすることができる調査権を有する（会社374条3項）。

③　説明義務と意見陳述義務

会計参与は、取締役、監査役ならびに執行役同様、株主総会において、株主から特定の事項について説明を求められた場合には、正当な事由がある場合を除き、その事項について必要な説明をしなければならない（会社314条）。

さらに、会計参与が、取締役（指名委員会等設置会社においては、執行役）と意見を異にし、計算書類等を作成することができない場合には、辞任をして、株主総会においてその旨および理由を述べるか（会社345条2項）、辞任せずに、株主総会において意見を述べることができる（会社377条1項）。

また、取締役会設置会社の会計参与は、毎回の取締役会への出席義務はないが、計算書類等の承認を行う取締役会に出席し、必要があるときは意見陳述が義務付けられている（会社376条1項）。

④　報告義務

会計参与は、取締役または執行役（指名委員会等設置会社）の職務の執行に関し、不正の行為または法令もしくは定款に違反する重大な事実があることを発見したときは、遅滞なく、株主、監査役（会）または監査等委員会および監査委員会に対して報告することが義務付けられている（会社375条）。ただし、この報告義務は、会計に関する事項に限定されないことから、会計参与は、報告義務を怠り、会社に損害が生じた場合には損害賠償責任を負う。

⑤　計算書類の備置き・閲覧等

会計参与は、各事業年度の計算書類およびその附属明細書ならびに会計参与報告については定時株主総会の日の1週間（取締役会設置会社においては、2週間）前の日から5年間、臨時計算書類および会計参与報告については作成日から5年間、会社の本店または支店と、公認会計士または税理士の事務所等、会計参与が定めた場所に備え置くことが義務付けられている（会社378条1項、会社施規103条）。

さらに、株主および債権者は、いつでも会計参与に対し、計算書類およびその附属明細書ならびに会計参与報告の書面の閲覧や謄本または抄本の交付の請求または電磁的記録の閲覧やその事項を記載した書面の交付の請求をすることが認められている（会社378条2項、会社施規104条）。また、会計参与設置会社の親会社社員は、その権利を行使するために必要があるときは、裁判所の許可を得て、計算書類の閲覧等の請求をすることができる（会社378条3項本文）。

5　監査役と監査役会

(1)　監査役

①　監査役とは

監査役（社外監査役を含む）とは、株主が取締役を監督するだけでは不十分なので、株主総会が選任して、取締役の職務執行を監査する機関をいう。したがって、会社から監査を委任（会社330条）されているのであるから善管注意義務を負うが（民644条）、取締役と異なり、忠実義務を定める規定はない。監査役は、各自が独立して監査権限を有する独任制の機関であり、実地監査を行い、取締役の職務の執行について業務監査および会計監査を行う権限を有する。

株式会社は、定款の定めにより、監査役の設置は任意であるが（会社326条2項）、取締役会設置会社では、株主総会の権限が制約されることから、取締役を監査するために監査役の設置が強制されている。ただし、取締役会設置の非公開中小会社である会計参与設置会社については、監査役の設置義務はない（会社327条2項）。

また、監査等委員会設置会社および指名委員会等設置会社を除く会計監査人設置会社では、会計監査人の取締役からの独立性の確保のため、業務監査権を有する監査役を置かなければならない（会社327条3項）。

したがって、監査役を設置しなくてもよいのは、取締役会非設置の非公開中小会社か、取締役会と会計参与を設置している非公開中小会社である。なお、監査等委員会設置会社および指名委員会等設置会社は、監査等委員会および監査委員会が設置されるので、監査役を置いてはならない（会社327条4項）。

②　選解任

監査役（社外監査役を含む）は、株主総会の普通決議により選任され（会社329条1項）、補欠の監査役も選任することができる（会社329条3項、会社施規96条）。ただし、監査役は株主総会において選任につき意見を述べることができる（会社345条4項・1項）。なお、監査役の選任および変更は登記事項である（会社911条3項17号）。

また、取締役が株主総会に提出する監査役選任議案は、監査役の過半数または監査役会の同意が必要である（監査役の同意権）（会社343条1項・3項）。さらに、取締役に対し、監査役（会）は、監査役選任を株主総会の目的とすること、または監査役選任議案を株主総会に付議することも請求することができる（監査役選任議案提出請求権）（会社343条2項・3項）。

なお、公開会社では、監査役が株主でなければならない旨を定款で定めることはできないが、非公開会社においては、定款で監査役を株主に限定することができ、監査役の資格は特別に要求されないが、監査役の資格および欠格事由については、取締役の規定が準用される（会社335条1項・331条1項・2項）。

また、監査役と監査される者が同一では自己監査になることから、監査役は、株式会社もしくはその子会社の取締役または支配人その他の使用人または子会社の会計参与もしくは執行役を兼任することは認められない（会社335条2項）。ただし、親会社の監査役・取締役・使用人が子会社の監査役を兼ねることは認められているが、監査役は会計監査人になることは禁止されている。

また、監査役は、株主総会の特別決議により解任することができる（会社339条1項・309条2項7号）。

③　員数・任期

監査役の員数については、1人でも複数でも定款で自由に定めることができる。ただし、監査役会においては、監査役の人数は3人以上を要し、監査役の中から常勤監査役を定め、監査役のうち半数以上は社外監査役でなければならない（会社335条3項・390条3項）。

さらに、監査役の任期は、選任後4年以内に終了する事業年度のうち最終のものに関する定時株主総会の終結の時までである（会社336条1項）。なお、取締役と異なり、監査役の地位を保障し独立性を担保するために、定款または株主総会の決議によっても任期を短縮することはできない。ただし、非公開会社においては、定款により、任期を選任後10年以内に終了する事業年度のうち最終のものに関する定時株主総会の終結の時まで伸長することができる（会社336条2項）。

さらに、(a)監査役設置の定款の定めを廃止する定款変更、(b)委員会設置の定款変更、(c)監査役監査の範囲を会計監査に限定する定款の定めを廃止する定款変更、(d)全株式譲渡制限会社から公開会社に移行する定款変更をした場合には、監査役の任期は、定款変更の効力が生じた時に満了する（会社336条4項）。

④　職務と権限

監査役（社外監査役を含む）は、原則として、業務監査と会計監査の権限を有し、取締役および会計参与の職務の執行を監査し、監査報告を作成する義務がある（会社381条1項）。したがって、監査役は、取締役、会計参与、支配人、その他の使用人に対する事業報告徴収権および会社の業務財産状況調査権（会社381条2項）、または、その職務を行うために必要があるときは、その会社の子会社に対して事業の報告を求め、業務および財産の状況の調査をすることができる子会社調査権を有する（会社381条3項）。しかし、子会社は、正当な理由があるときは、その報告または調査を拒むことが認められている（会社381条4項）。

また、取締役は、会社に対し著しい損害を及ぼすおそれのあるときは、直ちに、監査役または監査役会に報告することが義務付けられている（会社357条）。さらに、監査役は、取締役が不正な行為をしたか、そのおそれがあるとき、または法令・定款に違反する事実もしくは著しく不当な事実があるときは、遅滞なく、その旨を取締役または取締役会に報告しなければならない（会社382条）。

なお、監査役は、取締役会に出席し、必要があるときには、意見陳述をしなければならない（会社383条1項）。また、監査役は、招集権を有する取締役に対し取締役会の招集の請求をすることができるが（会社383条2項）、取締役会が招集されない場合には、監査役が取締役会を招集することができる（会社383条3項）。

また、監査役は、株主総会提出議案等を調査し、法令・定款に違反し、または著しく不当な事項があるときには、その調査結果を株主総会に報告する義務がある（会社384条、会社施規106条）。さらに、監査役は、取締役に対し違法行為差止請求権を有する（会社385条1項）。

さらに、会社が取締役に対し、もしくは取締役が会社に対して訴えを提起する場合には、監査役が会社を代表し（会社386条1項)、株主が会社に対し取締役の責任を追及する訴訟の提起を請求する場合にも、監査役が会社を代表する（会社386条2項)。しかし、監査役の監査が、適法性監査に限定されるのか、妥当性監査にも及ぶのかについては見解が分かれている。

⑤　会計監査限定監査役

監査役会設置会社および会計監査人設置会社を除く非公開会社においては、監査役の監査の範囲を会計に関するものに限定する旨を定款に定めることができる（会社389条1項)。この定款の定めがある会計監査限定監査役は、一般の監査役同様、監査報告を作成しなければならない（会社389条2項)。さらに、取締役が株主総会に提出しようとする会計に関する議案、書類その他の法務省令で定めるものを調査し、その調査の結果を株主総会に報告しなければならない（会社389条3項)。

⑥　株主の監督権限の強化

会計監査限定監査役は、業務監査の権限を有しないので、会社の業務財産状況調査権（会社381条)、取締役への報告義務（会社382条)、取締役会への出席義務等（会社383条)、株主総会に対する報告義務（会社384条)、取締役の違法行為差止請求権（会社385条)、訴訟における会社の代表権（会社386条）のいずれも認められない（会社389条7項)。

したがって、会計監査限定監査役設置会社および監査役非設置会社においては、取締役の株主への報告義務（会社357条1項)、株主による取締役の違法行為差止請求権（会社360条)、株主による取締役会の招集請求権・出席権・意見陳述権（会社367条)、株主による裁判所の許可なしでの取締役会議事録の閲覧・謄写請求権（会社371条2項)、会計参与の株主への報告義務（会社375条1項)、定款による役員等の損害賠償責任の一部免除の株主による不適用（会社

426条5項）等による株主の監督権限の強化が図られている。

⑦　監査役の報酬等

監査役（社外監査役を含む）の報酬等は、定款または株主総会決議および監査役の協議で取締役とは別個に決定され（会社387条1項・2項）、監査役は、株主総会において、その報酬等について意見を述べることができる（会社387条3項）。また、監査役が、その職務の執行について会社に対し費用および利息の償還、負担した債務の弁済の請求をしたときは、会社は、その請求に係る費用または債務が、その職務の執行に必要ないことを証明しない限り、支払を拒むことはできない（会社388条）。

⑵　社外監査役

①　社外監査役の意義

社外監査役には、社外者の立場から、取締役の業務執行を適正に評価・監視し、専門的知識や経験を反映した監査が期待されている。一方、日本の社外監査役は、欧米の監査委員会や監査役会のように、取締役等の任免権などの法的権限や業務執行への影響力は与えられていないが、不適切な業務執行が行われていないかを調査し、それを阻止し是正する機関である。

また、社外監査役を含む監査役は、独任制の機関として監査役会から独立して単独で行動できる強力な権限を持っている。また、社外監査役を含む監査役は、業務監査・会計監査の権限を有するが、その役割・責務を十分に果たすためには、積極的に権限を行使し、取締役会においてあるいは経営陣に対して適切に意見を述べることが求められている。

社外監査役とは、株式会社の監査役であって、ⓐその就任の前10年間その株式会社または子会社の取締役、会計参与もしくは執行役または支配人その他の使用人であったことがないこと、ⓑその就任の前10年間のいずれかの時において、その株式会社または子会社の監査役であったことがある者にあっては、その監査役への就任の前10年間その株式会社またはその子会社の取締役、会計参与もしくは執行役または支配人その他の使用人であったことがないこと、(c)その株式会社の親会社等（会社の経営を支配している自然人であるものに限る）または親会社等の取締役、監査役もしくは執行役または支配人その他の使用人でないこと、(d)その株式会社の親会社等の子会社等（その株式会社またはその子会社を除く兄弟会社）の業務執行取締役等でないこと、(e)その株式会社の取締役もしくは支配人その他の重要な使用人または親会社等（会社の経営を支配している自然人であるものに限る）の配偶者または2親等内の親族でないこと、のいずれの要件にも該当するものをいう（会社2条16号）。

②　登　記

株主総会で選任された監査役の氏名は登記事項であるが、社外監査役は、会社との間で責任限度額をあらかじめ定める契約を締結することができる旨を定款で定めた場合、その定めは登記事項となるので、社外監査役も登記事項となる（会社427条1項・911条3項25号）。さらに、監査役会設置会社制度を選択した場合にも社外監査役は登記事項である（会社911条3項18号）。

(3)　監査役会

①　監査役会とは

非公開会社または監査等委員会設置会社および指名委員会等設置会社を除く大会社においては、すべての監査役で構成する監査役会を設置することが強制されている（会社328条1項・390条1項）。

また、監査役会は、常勤監査役を選定する必要があり（会社390条3項）、半数以上の社外監査役を含む3人以上で構成されなければならない（会社335条3項）。監査役会設置会社である旨および監査役の氏名、社外監査役である旨を登記することが義務付けられている（会社911条3項17号・18号）。

②　監査役会の職務

監査役会の職務は、監査報告の作成、常勤監査役の選定および解任、監査の方針、会社業務および財産状況の調査方法、その他の監査役の職務の執行に関する事項の決定である（会社390条2項本文）。なお、各監査役は独立した監査権限を有する独任制の機関であるが、監査役会において監査方法の決定や役割分担を協議することはできる。ただし、監査役会の決定は、各監査役の権限行使を妨げない（会社390条2項ただし書）。さらに、監査役は、監査役会の求めに応じて、職務の執行状況を監査役会に対し報告する必要がある（会社390条4項）。

また、監査報告は、監査役会の多数決で作成するが、各監査役は監査報告に意見を付記することができ、計算書類等が法令または定款に適合するかどうかについて、会計監査人が監査役と意見を異にするときは、会計監査人は、定時株主総会に出席して意見を述べることができる（会社398条1項・3項）。

さらに、監査役が、監査報告に記載または記録すべき重要な事項に虚偽の記載または記録をしたときは、第三者に対して連帯して損害賠償責任を負う。ただし、注意を怠らなかったことを立証したときは責任を免れる過失責任である（会社429条2項3号）。

③　監査役会の運営

監査役会は、各監査役が招集し（会社391条）、監査役会の日の1週間前までに、各監査役に対して通知をする必要があるが（会社392条1項）、すべての監査役（社外監査役を含む）の同意により、招集手続を省略することができる（会社392条2項）。

また、監査役会の決議は、取締役会決議の場合と異なり、すべての監査役の過半数が出席して、出席監査役の過半数の賛成ではなく、すべての監査役の過半数の賛成をもって決議される（会社393条1項）。なお、書面決議（持ち回り決議）は認められないが、一定の要件を満たした電話会議やテレビ会議は認められる。

さらに、監査役会議事録を作成し（会社393条2項）、監査役会の日から10年間、議事録をその本店に備え置く必要がある（会社394条1項）。なお、議事録に異議をとどめなかった監査役は、その決議に賛成したものとみなされる（会社393条4項）。

また、株主および親会社社員が権利行使のために必要があるとき、または債権者が役員の責任を追及する必要があるときには、監査役会議事録（書面または電磁的記録）の閲覧または謄写を請求することが認められているが、裁判所の許可が必要である（会社394条2項・3項）。なお、裁判所は、閲覧・謄写により会社またはその親会社もしくは子会社に著しい損害を与えるおそれがあるときには許可することができない（会社394条4項）。

(4)　監査役の義務と責任

監査役（社外監査役を含む）は、会社から監査を委任（会社330条）されているのであるから善管注意義務を負うが（民644条）、取締役と異なり、忠実義務を定める規定はない。また、監査役の会社に対する責任については、任務懈怠による損害賠償責任は連帯して負う旨が規定されているが（会社423条1項）、総株主の同意がない限り免除されない（会社424条）。さらに、監査役は、悪意または重過失によって第三者に生じた損害賠償の責任を負う（会社429条1項）。監査役が損害賠償責任を負う場合、他の役員等も連帯債務者となる（会社430条）。

また、株主総会の特別決議または定款規定に基づく取締役会決議による取締役の責任軽減は監査役に準用され（会社425条1項・426条1項）、責任の限度額は報酬等の2年分相当額である（会社425条1項1号ハ）。なお、監査役に対する株主代表訴訟も認められている（会社847条1項本文）。

6　会計監査人

(1)　会計監査人とは

①　設　置

外部の独立した会計監査機関である会計監査人は、株式会社から監査を委任されているのであるから（会社330条）、会社に対して善管注意義務を負う（民644条）。監査役会設置会社の大会社は会計監査人の設置が義務付けられているが（会社328条）、中小会社では任意である（会社327条2項）。しかし、監査等委員会設置会社および指名委員会等設置会社では、大会社であるか否かを問わず会計監査人の設置が強制されている（会社327条5項）。

ただし、会計監査人を設置した場合（監査等委員会設置会社および指名委員会等設置会社を除く）には、監査役の設置が義務付けられ（会社327条3項）、その旨およびその氏名などを登記する必要がある（会社911条3項19号）。

②　選解任

会計監査人は、公認会計士または監査法人であり（会社337条1項）、株主総会の普通決議により選任されるが（会社329条1項）、任期は、選任後1年以内に終了する事業年度のうち最終のものに関する定時株主総会の終結の時までである（会社338条1項）。任期が終了する定時株主総会において不再任決議がなされなかったときは、再任されたものとみなされる（会社338条2項）。

また、株主総会は、普通決議をもって会計監査人を解任することができるが（会社339条1項）、会計監査人は、正当な理由がない解任については、会社に対して損害賠償を請求することができる（会社339条2項）。

さらに、監査役（会）、監査等委員会または監査委員会は、会計監査人が、職務上の義務に違反しまたは職務懈怠があったとき、非行があったとき、および心身の故障のため職務の執行に支障があるときは、その会計監査人を解任することができる（会社340条1項・4項～6項）。ただし、監査役、監査等委員または監査委員全員の同意がなければならず（会社340条2項・4項～6項）、その旨および解任の理由を解任後最初に招集された株主総会で報告しなければならない（会社340条3項・5項・6項）。

③　選解任等に関する議案の決定権

監査を受ける立場にある取締役が、会計監査人の選解任等に関する議案等および報酬等を決定するのは、「インセンティブのねじれ」があることから、同じく監査する立場にある監査役（会）、監査等委員会または監査委員会が、株主総会に提出する会計監査人の選解任等に関する議案の内容についての決定権を有することとなった（会社344条・399条の2第3項2号・404条2項2号）。なお、会計監査人の報酬等の決定は、財務に関わる経営判断と密接に関連するものであることから、取締役（会）が行うが、監査役（会）、監査等委員会または監査委員会の同意を得なければならない（会社399条）。

⑵　職務と権限

①　監査権限

会計監査人の職務は、株式会社の計算書類等（計算書類およびその附属明細書、臨時計算書類、連結計算書類）を監査し、会計監査報告を作成することである（会社396条1項、会社計規126条）。

また、会計監査人は、会計帳簿またはこれに関する資料（書面または電磁的記録）の閲覧および謄写を請求し、取締役、執行役、会計参与、支配人、その他の使用人に対し、会計に関する報告を求めることができる（会社396条2項・6項）。

さらに、必要があるときは、子会社に対して会計に関する報告を求め、または会社もしくはその子会社の業務および財産の状況の調査をする権限を有する（会社396条3項）。ただし、子会社は、正当な理由があるときは、その報告または調査を拒否することが認められている（会社396条4項）。

また、計算書類等の適法性について、会計監査人が監査役（会）・監査等委員（会）・監査委員（会）と意見を異にするときは、定時株主総会に出席して意見陳述をすることができ、定時株主総会において出席を求める決議があったときには出席して意見を述べなければならない（会社398条）。

②　報告義務

会計監査人は、執行役または取締役の職務の執行に関し不正行為または法令・定款に反する重大な事実があるときは、遅滞なく、監査役（会）、監査等委員会または監査委員会に報告することが義務付けられている（会社397条1項・3項・4項）。なお、この報告義務については、会計に関する事項に限定されない。

第4節　監査等委員会設置会社のコーポレートガバナンス

1　監査等委員会設置会社とは

2014年の会社法改正前において、監査役会設置会社では、社外監査役に加えて社外取締役も選任することの負担感があり、委員会設置会社（改正後は指名委員会等設置会社）においては、社外取締役に取締役の人事および報酬の決定権を委ねる指名委員会および報酬委員会を置くことに対する抵抗感から、社外取締役の機能を利用しやすい機関設計となっていないという議論が背景にあり、社外監査役と社外取締役の双方を選任する負担や、指名委員会や報酬委員会の強制設置といった問題が解消され、監査役会設置会社と委員会設置会社（改正後は指名委員会等設置会社）の中間的機関設計として採用が任意な監査等委員会設置会社が創設された。

監査等委員会設置会社制度を採用することは、社外取締役の活用を促進するための方策として、社外取締役が構成員の中心となる監査等委員会が監査・監督等を担い、取締役である監査等委員は取締役会において議決権を行使することができ、海外からも理解を得られやすい制度設計となっていることから、近年、この制度を採用する上場会社が増える傾向にある。

このような監査等委員会設置会社とは、定款の定めによって監査等委員会を置く株式会社をいう（会社2条11号の2・326条2項）。監査等委員会設置会社には、取締役会および会計監査人を置かなければならず（会社327条1項3号・5項）、監査役を置いてはならない（会社327条4項）。なお、指名委員会等設置会社には、監査等委員会を置いてはならない（会社327条6項）。

また、代表取締役等の取締役が監査等委員会設置会社の業務を執行し、監査等委員会の委員である取締役は、それ以外の取締役と区別して、株主総会の普通決議により選任され（会社329条2項）、解任は株主総会の特別決議による（会社344条の2第3項・309条2項7号）。

監査等委員会は、監査等委員である取締役3人以上で組織され、その過半数は、社外取締役でなければならず（会社331条6項）、監査等委員会が選定する監査等委員は、株主総会において、監査等委員である取締役以外の取締役の選任もしくは解任または辞任および報酬等について監査等委員会の意見を述べることができる（会社342条の2第4項・361条6項）。

さらに、監査等委員会設置会社においては、監査等委員会を設置するのみで、指名委員会や報酬委員会の設置は任意であり、常勤の監査等委員を選任する必要もない。また、取締役の過半数が社外取締役である場合や取締役会の決議により定款で定めた場合には、重要な業務執行の決定を個々の取締役に委任することができ、取締役会の機能は監督が中心となり、監督に当たる取締役が業務執行の決定に関与しなくてもよいことから、業務執行と監督の分離を図ることもできる。

なお、監査等委員会設置会社においては、指名・報酬などの特に重要な事項に関して社外取締役の適切な関与・助言を得るべきであるということから、社外取締役を構成員とする任意の諮問委員会を設置することもできる。

2　監査等委員

(1)　選解任

監査等委員会設置会社においては、独立性を確保するため、監査等委員である取締役とそれ以外の取締役とを区別して、株主総会において選任しなければならない（会社329条2項）。この場合、監査等委員である取締役は、監査等委員会設置会社もしくはその子会社の業務執行取締役もしくは支配人その他の使用人またはその子会社の会計参与もしくは執行役を兼ねることはできない（会社331条3項）。なお、監査等委員である取締役は、3人以上で、その過半数は社外取締役でなければならない（会社331条6項）

また、取締役は、監査等委員である取締役の選任議案を株主総会に提出するには、監査等委員会の同意を得なければならない（会社344条の2第1項）。さらに、監査等委員会は、取締役に対し、監査等委員である取締役の選任を株主総会の目的とすること、または監査等委員である取締役の選任議案を株主総会に提出することを請求することができる（会社344条の2第2項）。

なお、監査等委員である取締役の解任は、株主総会特別決議によらなければならず、監査等委員以外の取締役の解任は株主総会普通決議による（会社344条の2第3項）。また、監査等委員である取締役は、株主総会において、監査等委員である取締役およびそれ以外の取締役の選任もしくは解任または辞任について意見を述べることができる（会社342条の2第1項・4項）。

⑵　任　期

任期は、監査等委員である取締役については2年である。ただし、定款または株主総会の決議によっても、その任期を短縮することはできない。なお、監査等委員以外の取締役の任期は1年である（会社332条1項・3項・4項）。

⑶　報　酬

報酬については、監査等委員である取締役とそれ以外の取締役を区別して定めなければならず（会社361条2項）、監査等委員である取締役は、株主総会において、監査等委員である取締役およびそれ以外の取締役の報酬について意見を述べることができる（会社361条5項・6項）。

⑷　職務と権限

①　調査権

監査等委員会が選定する監査等委員は、取締役および会計参与ならびに支配人その他の使用人に対し、その職務の執行に関する事項の報告を求め、監査等委員会設置会社の業務および財産の状況を調査することができる（会社399条の3第1項）。さらに、子会社に対して事業の報告を求め、またはその子会社の業務および財産の状況を調査することができる（会社399条の3第2項）。

②　報告義務

監査等委員は、取締役が不正の行為をし、もしくはその行為をするおそれがあると認めるとき、または法令もしくは定款に違反する事実もしくは著しく不当な事実があると認めるときは、遅滞なく、その旨を取締役会に報告しなければならない（会社399条の4)。

また、監査等委員は、取締役が株主総会に提出しようとする議案、書類等について法令もしくは定款に違反し、または著しく不当な事項があると認めるときは、その旨を株主総会に報告しなければならない（会社399条の5)。

③　違法行為差止請求権

監査等委員は、取締役が監査等委員会設置会社の目的の範囲外の行為その他法令もしくは定款に違反する行為をし、またはこれらの行為をするおそれがある場合において、その行為によってその会社に著しい損害が生ずるおそれがあるときは、その取締役に対し、その行為をやめることを請求することができる（会社399条の6第1項)。

④　会社の訴訟代表

監査等委員会設置会社が取締役（取締役であった者を含む）に対し、または取締役が監査等委員会設置会社に対して訴えを提起する場合には、その訴えについては、監査等委員がその訴えに係る訴訟の当事者である場合には、取締役会が定める者（株主総会が会社を代表する者を定めた場合は、その者)、または監査等委員がその訴えに係る訴訟の当事者でない場合には、監査等委員会が選定する監査等委員が、監査等委員会設置会社を代表する（会社399条の7第1項)。

3　監査等委員会

(1)　職務と権限

監査等委員会は、監査等委員である取締役3人以上で組織され、その過半数は、社外取締役でなければならない（会社331条6項)。監査等委員会の職務は、(a)取締役および会計参与の職務の執行の監査および監査報告の作成、(b)株主総会に提出する会計監査人の選解任ならびに会計監査人を再任しないことに関する議案の内容の決定、(c)株主総会において、監査等委員である取締役以外の取締役の選解任または辞任についての監査等委員会の意見（会社342条の2第4項)、および株主総会において、監査等委員である取締役以外の取締役の報酬等についての監査等委員会の意見（会社361条6項）の決定である（会社399条の2第3項)。したがって、監査等委員会は、監査役（会）設置会社の監査役（会）および指名委員会等設置会社の監査委員会と同様の権限を有し、指名委員会等設置会社の指名委員会と報酬委員会に準じた権限も有する。

(2) 運　営

① 招　集

監査等委員会は各監査等委員が招集し（会社399条の8)、監査等委員会の日の1週間前までに、各監査等委員に対してその通知を発しなければならない（会社399条の9第1項)。しかし、監査等委員の全員の同意があるときは、招集手続を経ることなく開催することができる（会社399条の9第2項)。

なお、取締役および会計参与は、監査等委員会の要求があったときは、監査等委員会に出席し、監査等委員会が求めた事項について説明をしなければならない（会社399条の9第3項）

② 決　議

監査等委員会の決議は、議決に加わることができる監査等委員の過半数が出席し、その過半数をもって行う（会社399条の10第1項)。ただし、特別の利害関係を有する監査等委員は、議決に加わることはできない（会社399条の10第2項)。

③ 議事録

監査等委員会の議事については、議事録を作成し、監査等委員は署名または記名押印をしなければならない（会社399条の10第3項・4項)。また、議事録に異議をとどめない監査等委員は、その決議に賛成したものと推定される（会社399条の10第5項）。

なお、監査等委員会の日から10年間、その議事録を本店に備え置かなければならず（会社399条の11第1項）、監査等委員会設置会社の株主は、その権利を行使するために必要があるときは、裁判所の許可を得て、議事録の閲覧または謄写の請求をすることができる（会社399条の11第2項）。

ただし、裁判所は、閲覧または謄写により、その会社またはその親会社もしくは子会社に、著しい損害を及ぼすおそれがあると認めるときは、閲覧または謄写の許可をすることはできない（会社399条の11第4項）。

(3)　利益相反取引と任務懈怠の推定の排除

監査等委員会設置会社においては、監査等委員以外の取締役がする利益相反取引について、事前に監査等委員会の承認を受けたときは、任務懈怠の推定規定は適用されない（会社423条4項）。しかし、推定はされなくても、取締役の責任の有無は任務懈怠があるかどうかであることから、訴訟により利益相反取引について任務懈怠が認定されることは十分あり得る。

4　取締役会

(1)　職務と権限

監査等委員会設置会社の取締役会の職務は、(a)経営の基本方針、監査等委員会の職務の遂行のために必要な事項、内部統制システムおよび企業グループ内部統制システムの構築・整備、その他監査等委員会設置会社の業務執行の決定、(b)取締役の職務執行の監督、(c)代表取締役の選定および解職である（会社399条の13第1項）。

(2)　重要な業務執行の決定の委任の禁止

監査等委員会設置会社の取締役会は、(a)重要な財産の処分および譲受け、(b)多額の借財、(c)支配人その他の重要な使用人の選任および解任、(d)支店その他の重要な組織の設置・変更および廃止、(e)募集社債に関する重要な事項、(f)定款の定めに基づく役員等の会社に対する損害賠償責任の免除、に関する事項その他の重要な業務執行の決定を取締役に委任することはできない（会社399条の13第4項）。

ただし、取締役の過半数が社外取締役である場合には、取締役会の決議により、法定の重要事項を除く重要な業務執行の決定を取締役に委任することができる（会社399条の13第5項）。また、取締役会の決議によって法定の重要事項を除く重要な業務執行の決定の全部または一部を取締役に委任することができる旨を定款で定めることができる（会社399条の13第6項）。

取締役に委任することができない法定の重要事項とは、譲渡制限株式・譲渡制限新株予約権の譲渡承認、株主との合意による自己株式取得に関する事項、株主総会の招集や提出する議案の決定、競業取引や利益相反取引の承認、取締役会の招集権者の決定、会社・取締役間の訴えにおいての会社代表者の決定、定款の定めに基づく役員等の会社に対する損害賠償責任の免除、計算書類等の承認、業務執行の社外取締役への委託、取締役の報酬等の内容の決定、補償契約の内容の決定、役員等賠償責任保険契約の内容の決定、組織再編等に関する契約・計画の内容の決定、株式交付計画の内容の決定などである（会社399条の13第5項ただし書各号）。

なお、取締役会の招集については、招集権者の定めがある場合であっても、監査等委員会が選定する監査等委員は取締役会を招集することができる（会社399条の14）。

第5節　指名委員会等設置会社のコーポレートガバナンス

1　指名委員会等設置会社とは

株式会社のうち、会社の規模や会社形態にかかわらず定款の定めにより、指名委員会、監査委員会および報酬委員会を置く会社を指名委員会等設置会社といい（会社2条12号・326条2項）、各委員会は委員の過半数を社外取締役で構成しなければならない（会社400条3項）。さらに、取締役会と執行役および会計監査人の設置が強制されているが（会社327条1項4号・5項・402条1項）、監査役および監査等委員会の設置は認められない（会社327条4項・6項）。

指名委員会等設置会社における取締役会は、基本事項の決定と各委員会の委員および執行役の選任・解任・監督などを職務とし、株主総会の権限は会社法に規定する事項と定款に定めた事項に限定され（会社295条2項）、代表執行役が会社を代表し、執行役が業務執行を行う。

つまり、業務執行の権限は取締役会から大幅に権限を委譲された執行役にあり、取締役会は、監査・監督を中心とするモニタリング・モデルの制度設計である。したがって、迅速な業務執行と取締役会の監督機能を強化した会社形態であり、上場会社を中心とした大規模な株式会社形態であるといえるが、非公開会社および公開中小会社についてもこの会社形態を採ることは認められている。

2　取締役および取締役会

(1)　取締役

指名委員会等設置会社と取締役との関係は、委任の規定に従うので（会社330条）、取締役（社外取締役を含む）は、会社に対して善管注意義務（民644条）と忠実義務（会社355条）を負う。ただし、取締役は、会社の業務執行の権限はないが（会社415条）、取締役が執行役を兼務することは認められている（会社402条6項）。

また、剰余金の配当の決定権限が取締役会にあることから、取締役は毎年の定時株主総会で信任を問われなければならない。したがって、取締役の任期は、選任後1年以内に終了する事業年度のうち最終のものに関する定時株主総会の終結時までである（会社332条1項・3項）。

(2)　取締役会

指名委員会等設置会社の取締役会は、経営の基本方針、内部統制システムならびに企業グループ内部統制システムの整備などの業務執行の決定および執行役等の職務の執行を監督する（会社416条1項・2項）。なお、取締役会の決議により、譲渡制限株式の譲渡の承認、自己株式取得に関する事項の決定、執行役の選任・解任、業務執行の社外取締役への委託、補償契約の内容の決定、役員等賠償責任保険契約の内容の決定、組織再編等に関する契約・計画の内容の決定、株式交付計画の内容の決定など以外の業務執行の決定を執行役に委任することは認められている（会社416条4項）。

また、執行役は、3か月に1回以上、職務の執行の状況を取締役会に報告することが義務付けられている（会社417条4項）。さらに、執行役は、取締役会の求めにより取締役会に出席して、取締役会が要求した事項について説明しなければならない（会社417条5項）。

3　委員会

(1)　各委員会

指名委員会等設置会社において、会社法で設置が規定されている委員会には、取締役および会計参与の選任・解任に関する株主総会の議案内容を決定する権限を有する指名委員会（会社404条1項）と、取締役、執行役、会計参与の職務執行の監査および監査報告の作成、会計監査人の選任・解任・不再任に関する株主総会の議案内容を決定する権限を有する監査委員会（会社404条2項）、および取締役、執行役、会計参与が受ける個人別の報酬等の内容に係る決定に関する方針を定め、それに従い個人別の額、具体的な算定方法および金銭でない場合の個人別の具体的な内容を決定する権限を有する報酬委員会（会社404条3項）の三委員会がある。

各委員会は、取締役会決議により選定した取締役3名以上で構成され（会社400条1項・2項）、各委員会は、委員の過半数を社外取締役で組織する必要がある（会社400条3項）。

取締役は複数の委員会の委員を兼務することはできるが、監査委員会の監査委員は、自分で自身を監査する自己監査となることから、その会社もしくは子会社の執行役・業務執行取締役・子会社の会計参与・支配人・その他の使用人を兼ねることは認められない（会社400条4項）。なお、各委員会の委員は、いつでも、取締役会の決議により解職することができる（会社401条1項）。

また、指名委員会等設置会社においては、監査委員会が監査の主体となり機関監査が行われるので、監査委員は、監査等委員会設置会社における監査等委員と同様、内部統制システムを利用した組織的監査を行い、実地監査を要せず、常勤者の選定は義務付けられていない。

それに対し、監査役（会）設置会社は、監査役が独任制の立場から監査権限を行使し、実地監査を行う。なお、監査役は監査機関であることから、監査は行うが監督は行わない。

一方、監査委員は取締役であることから、取締役会の決議に参加し、取締役会を通じて取締役の監督を行うと同時に監査も行う。したがって、監査委員会は、監査等委員会設置会社における監査等委員会と同様、妥当性監査の権限も有すると解されている。

⑵ 監査委員の職務権限

監査委員会が選定する監査委員は、執行役、取締役、会計参与、支配人その他の使用人に対し、職務執行に関する事項の報告を求めることができ、その会社の業務および財産の状況の調査をする権限が認められている（会社405条1項）。

さらに、監査委員は、必要があるときは、その子会社に対する事業報告徴収権と業務財産状況調査権を有するが（会社405条2項）、その子会社は、正当な理由があるときは、その報告または調査を拒否することが認められている（会社405条3項）。

また、監査委員は、執行役または取締役が不正行為をしたか、その行為をするおそれがあるとき、または法令・定款に違反する事実もしくは著しく不当な事実があるときは、遅滞なく、その旨を取締役会に報告しなければならない（会社406条）。さらに、監査委員は、執行役または取締役に対し、違法行為差止請求権が認められている（会社407条1項）。

なお、指名委員会等設置会社と執行役または取締役の間の訴えについては、取締役会が定める者または監査委員会が選定する監査委員が指名委員会等設置会社を代表する（会社408条1項）。

⑶ 報酬委員会による報酬等の決定

報酬委員会は、執行役等の個人別の報酬等の内容に係る決定に関する方針を定め、それに従い個人別の額、具体的な算定方法および募集新株・募集新株予約権など金銭でない場合の個人別の具体的な内容を決定しなければならない（会社409条）。

⑷ 招集手続と決議

委員会は、各委員が招集し（会社410条）、委員会の日の1週間前までに、その委員会の各委員に通知をしなければならないが（会社

411条1項)、その委員会の委員全員の同意があるときは、招集手続を省略して開催することができる（会社411条2項)。

なお、取締役および執行役は、委員会の求めがあったときは、その委員会に出席し、その委員会が要求した事項について説明する必要がある（会社411条3項)。委員会の決議は、特別利害関係を有する委員を除く委員の過半数が出席し、その過半数の賛成をもってなされる（会社412条1項・2項)。

(5) 議事録

各委員会の議事については、書面または電磁的記録をもって議事録を作成しなければならない（会社412条3項・4項)。また、議事録に異議をとどめなかった委員は、その決議に賛成したものとみなされる（会社412条5項)。なお、委員会の日から10年間、委員会の議事録をその本店に備え置くことが義務付けられている（会社413条1項)。

さらに、取締役および裁判所の許可を得た株主・債権者・親会社社員は、権利を行使するためまたは委員の責任を追及するため必要があるときは、議事録（書面または電磁的記録）の閲覧・謄写請求権が認められている（会社413条2項～4項)。

ただし、閲覧または謄写により、その会社またはその親会社もしくは子会社に、著しい損害を及ぼす危険性があるときは、裁判所は閲覧または謄写の許可をすることはできない（会社413条5項)。

4　執行役

(1) 執行役とは

執行役は、取締役会から大幅に権限を委譲され、業務執行の決定権限を有する。また、指名委員会等設置会社と執行役の関係は、委任の規定に従うので（会社402条3項)、執行役は、会社に対して善管注意義務を負い（民644条）、忠実義務および競業取引・利益相反取引の制限については取締役の規定を準用する（会社419条2項）。なお、執行役員とは、業務執行に関しては裁量権限を持っているが、会社の機関ではなく、重要な使用人であり（会社362条4項3号）、執行役とはまったく別の存在である。

(2)　選解任

指名委員会等設置会社においては、執行役の設置が強制されている（会社402条1項）。執行役の選解任は取締役会決議で行われ（会社402条2項・403条1項）、任期は、選任後1年以内（定款による短縮可能）に終了する事業年度のうち最終のものに関する定時株主総会の終結後最初に招集される取締役会の終結時までである。（会社402条7項）。

なお、執行役の資格・欠格事由については、取締役の規定が準用されるが（会社402条4項）、執行役が、取締役を兼務することはできる（会社402条6項）。

ただし、公開会社で指名委員会等設置会社である場合には、執行役を株主に限定する旨を定款で定めることは認められないが、非公開会社で指名委員会等設置会社である場合には可能である（会社402条5項）。

(3)　職務と義務

執行役は、取締役会決議により委任された業務の決定および執行を行い（会社418条）、会社に著しい損害を及ぼすおそれがあるときは、監査委員に報告する義務がある（会社419条1項）。

なお、6か月前から引き続き株式を有する株主（非公開会社においては、6か月の保有期間制限はない）には、執行役の違法行為差止請求権が認められている（会社422条）。

(4)　代表執行役

取締役会の決議により、執行役の中から代表執行役を選定する必要があるが（会社420条1項）、いつでも、取締役会の決議により解職することができる（会社420条2項）。

また、代表執行役以外の執行役に社長、副社長その他代表権を有するものと認められる名称を付した場合には、その執行役がした行為について、善意の第三者に対してその責任を負う（表見代表執行役）（会社421条）。

第6節　役員等の損害賠償責任

1　会社に対する損害賠償責任

(1)　原　則

役員等（社外取締役を含む取締役、会計参与、社外監査役を含む監査役、執行役、会計監査人）は、任務懈怠により生じた損害があった場合には、株式会社に対し損害賠償責任を負わなければならない（会社423条1項）。役員等の損害賠償責任は、原則として株主全員が同意しなければ免除することは認められない（会社424条）。

(2)　責任の軽減

役員等の損害賠償責任を厳しく問うことで、経営のリスクを極端に恐れ、委縮した経営を行うことになっては、かえって会社の利益を損ねることになりかねない。そこで、役員等の損害賠償責任を軽減する制度が導入された。

①　株主総会決議による責任軽減の規定

役員等の損害賠償責任は、善意かつ無重過失の場合には、株主総会の特別決議により一部免除することができる。ただし、賠償責任負担額から最低責任限度額を控除した額（免除額）を限度とする（会社425条1項）。なお、最低責任限度額とは、(a)代表取締役または代表執行役の年の報酬等の6年分、(b)代表取締役以外の取締役（業務執行取締役等であるものに限る）または代表執行役以外の執行役の年の報酬等の4年分、(c)取締役（(a)および(b)に掲げるものを除く）、会計参与、監査役または会計監査人の年の報酬等の2年分、(d)役員等が会社から新株予約権を引き受けた場合の利益相当額の合計額である。

なお、取締役は、株主総会において、責任を免除すべき理由および免除額を開示し（会社425条2項）、各監査役または各監査等委員および各監査委員の同意を得る必要がある（会社425条3項・426条2項）。

②　取締役（会）による責任軽減に関する定款の定めの規定

監査役設置会社または監査等委員会設置会社および指名委員会等設置会社においては、役員等の損害賠償責任について、役員等が善意でかつ無重過失の場合において、特に必要があると認めるときは、免除額を限度として取締役（その責任を負う取締役を除く）の過半数の同意または取締役会の決議により免除できる旨を定款で定めることができる（会社426条1項）。

この場合、取締役は、遅滞なく、1か月を下らない一定の期間内に異議がある場合には異議を述べるべき旨を公告し、または株主に通知する必要がある（会社426条3項）。なお、総株主の議決権の100分の3以上の議決権を有する株主が、一定の期間内に異議を述べたときは、株式会社は、定款の定めに基づく免除をすることはできない（会社426条7項）。

③　責任限定契約による責任軽減に関する定款の定めの規定

非業務執行取締役等の責任に関しては、定款に定めておけば、契約により損害賠償責任の上限額をあらかじめ確定しておくことができる責任限定契約の制度が認められている。

つまり、株式会社は、業務執行取締役等を除く取締役、会計参与、監査役、会計監査人（以下、非業務執行取締役等という）の損害賠償責任について、非業務執行取締役等が善意でかつ無重過失の場合には、定款で定めた額の範囲内であらかじめ会社が定めた額と最低責任限度額とのいずれか高い額を限度とする旨の責任限定契約を非業務執行取締役等と締結することができる旨を定款で定めることが可能である（会社427条1項）。

(3)　利益相反取引に対する責任

取締役または執行役の利益相反取引は、原則として過失責任であるが、自己のために株式会社と直接に利益相反取引をした取締役・執行役については、悪質性の観点から例外的に無過失責任を負う（会社428条1項）。しかも、責任の一部免除、取締役等による免除に関する定款の定め、責任限定契約の規定は適用されない（会社428条2項）。

(4)　利益供与に対する責任

株式会社が、財産上の利益の供与の禁止規定（会社120条1項）に違反して財産上の利益を供与したときは、その利益の供与を受けた者は、その会社または子会社にその利益を返還する必要がある（会社120条3項）。

また、利益供与に係る取締役・執行役の責任についても、利益供与に関与した取締役・執行役については過失責任であるが、利益供与を直接した取締役・執行役については、責任が重大であることから無過失責任を負う（会社120条4項）。なお、その責任は、総株主の同意がなければ、免除することは認められない（会社120条5項）。

2　第三者に対する損害賠償責任

役員等の悪意または重大な過失により第三者に損害が生じたとき

は、第三者に対し損害賠償責任を負う（会社429条1項）。また、役員等が、株式・新株予約権・社債・新株予約権付社債の募集をする際の重要な通知事項の虚偽記載、計算書類等の虚偽記載、虚偽の登記・公告、会計参与報告・監査報告・会計監査報告の虚偽記載等の行為をしたときも、同様に、第三者に対し損害賠償の過失責任を負い（会社429条2項）、100万円以下の過料が科される（会社976条7号）。

3　補償契約と役員等賠償責任保険契約（D&O保険）

(1)　補償契約

株式会社が、役員等に対して次に掲げる費用等の全部または一部をその株式会社が補償することを約する契約（以下、「補償契約」という）の内容の決定をするには、株主総会（取締役会設置会社にあっては、取締役会）の決議によらなければならない（会社430条の2第1項）。

(a)　その役員等が、その職務の執行に関し、法令の規定に違反したことが疑われ、または責任の追及に係る請求を受けたことに対処するために支出する費用

(b)　その役員等が、その職務の執行に関し、第三者に生じた損害を賠償する責任を負う場合における次に掲げる損失

イ　その損害をその役員等が賠償することにより生ずる損失

ロ　その損害の賠償に関する紛争について当事者間に和解が成立したときは、その役員等がその和解に基づく金銭を支払うことにより生ずる損失

また、株式会社は、補償契約を締結している場合であっても、その補償契約に基づき、次に掲げる費用等を補償することができない（会社430条の2第2項）。

(a)　その役員等が、請求を受けたことに対処するために支出する費

用のうち通常要する費用の額を超える部分

(b)　その株式会社が損害を賠償するとすればその役員等がその株式会社に対して損害賠償責任を負う場合には、損失のうちその責任に係る部分

(c)　役員等がその職務を行うにつき悪意または重大な過失があったことにより損害賠償責任を負う場合には、損失の全部

さらに、補償契約に基づきその役員等が、請求を受けたことに対処するために支出する費用を補償した株式会社が、その役員等が自己もしくは第三者の不正な利益を図り、またはその株式会社に損害を加える目的で職務を執行したことを知ったときは、その役員等に対し、補償した金額に相当する金銭を返還することを請求することができる（会社430条の2第3項）。

なお、取締役会設置会社においては、補償契約に基づく補償をした取締役およびその補償を受けた取締役は、遅滞なく、その補償についての重要な事実を取締役会に報告しなければならない（会社430条の2第4項）。

ただし、競業取引や利益相反取引規制の規定は、株式会社と取締役または執行役との間の補償契約については適用しない（会社430条の2第6項）。さらに、自己契約および双方代理の規定は、株主総会（取締役会設置会社にあっては、取締役会）の決議によってその内容が定められた補償契約の締結については適用しない（会社430条の2第7項）。

(2)　役員等賠償責任保険契約

株式会社が、保険者との間で締結する保険契約のうち、役員等がその職務の執行に関し責任を負うこと、またはその責任の追及に係る請求を受けることによって生ずる損害を保険者が塡補することを約するものであって、役員等を被保険者とするもの（その保険契約を締結することにより被保険者である役員等の職務の執行の適正性が著し

く損なわれるおそれがないものとして法務省令で定めるものを除く。以下、「役員等賠償責任保険契約」(D＆O保険) という) の内容の決定をするには、株主総会 (取締役会設置会社にあっては、取締役会) の決議によらなければならない (会社430条の3第1項)。

また、競業取引や利益相反取引規制の規定は、株式会社が保険者との間で締結する保険契約のうち役員等がその職務の執行に関し責任を負うこと、またはその責任の追及に係る請求を受けることによって生ずることのある損害を保険者が塡補することを約するものであって、取締役または執行役を被保険者とするものの締結については適用しない (会社430条の3第2項)。

なお、自己契約および双方代理の規定は、保険契約の締結については適用しない。ただし、その契約が役員等賠償責任保険契約である場合には、株主総会 (取締役会設置会社にあっては、取締役会) の決議によってその内容が定められたときに限る (会社430条の3第3項)。

4　株主代表訴訟 (責任追及等の訴え)

(1)　株主代表訴訟とは

役員等が任務懈怠により会社に損害を与えた場合、会社に対する役員等の損害賠償責任は、本来、監査役が代表となり会社自身が追及すべきものであるが、会社と役員等の関係から責任追及はあまり期待できない。しかし、会社の利益が害され、その結果、株主の利益も害されることになるので、株主が会社に代わり、会社のために役員等の責任追及等の訴訟を提起できる株主代表訴訟の制度が導入された。

(2)　訴訟手続

株主代表訴訟は、6か月前から引き続き株式を有する株主 (非公開会社においては、6か月の株式保有期間制限はない) が、株式会社に対して、発起人、設立時取締役、設立時監査役、役員等、清算人の責任を追及する訴訟の提起を請求することができるが、株主または第三者の利益を図りまたは会社に損害を与える場合には、訴訟の却下事由となる（会社847条1項・2項）。

しかし、株式会社が、請求の日から60日以内に責任追及の訴えを提起しないときは、請求をした株主は訴訟を提起することができる（会社847条3項）。ただし、60日の期間の経過により株式会社に回復できない損害が生ずる危険性がある場合には、提訴請求を経ずに直ちに訴訟を提起することができる（会社847条5項）。

なお、株式会社は、60日以内に責任追及訴訟を提起しない場合には、請求をした株主または提訴請求の対象者である役員等から請求を受けたときは、その請求をした者に対し、遅滞なく、責任追及等の訴えを提起しない理由を、書面または電磁的方法により通知する必要がある（会社847条4項、会社施規218条）。

責任追及等の訴えは、株式会社の本店の所在地の地方裁判所が管轄するが（会社848条）、役員等がその訴えの提起が悪意であることを疎明し、担保提供の申立てをしたときは、裁判所は、その株主に対し相当の担保提供を命ずることができる（会社847条の4第2項・3項）。

さらに、株主または株式会社は、当事者の一方に補助参加することができるが、株式会社が責任追及訴訟に補助参加するには、各監査役または各監査等委員および各監査委員の同意を得る必要がある（会社849条3項）。

(3) 和　解

株式会社が、その株式会社の取締役（監査等委員および監査委員を除く）、執行役および清算人ならびにこれらの者であった者の責任を追及する訴えに係る訴訟において和解をするには、その株式会社の区分に応じ、(a)監査役設置会社の監査役（監査役が2人以上ある場合にあっては、各監査役)、(b)監査等委員会設置会社の各監査等委員、(c)指名委員会等設置会社の各監査委員、の同意を得なければならない（会社849条の2)。

また、責任追及訴訟における和解の手続については、株式会社が和解の当事者でない場合には、その会社の承認がある場合を除き、和解に訴訟の判決と同じ効力を与えず（会社850条1項)、裁判所は、その会社に対し和解の内容を通知し、かつ、その和解に異議があるときは、2週間以内に異議を述べるべき旨を催告しなければならない（会社850条2項)。その会社が、期間内に書面により異議を述べなかったときは、裁判所からの通知の内容をもって、株主が和解することを承認したものとみなす（会社850条3項)。

(4)　原告適格の継続

責任追及の訴えを提起した株主が、株式交換または株式移転により完全親会社の株主となった場合や、合併により新設会社または存続会社もしくはその完全親会社の株主となった場合には、訴訟の係属中に株主でなくなり原告適格を喪失した場合であっても、例外的に原告適格を維持でき訴訟を継続することが可能である（会社851条)。

さらに、株主は、株式会社の株主でなくなった場合でも、株式交換完全子会社もしくは株式移転完全子会社または吸収合併存続株式会社に対して、その株式会社の株式交換または株式移転によりその株式会社の完全親会社の株式を取得し、引き続きその株式を有するとき、または、その株式会社が吸収合併により消滅する会社となる吸収合併により、吸収合併後存続する株式会社の完全親会社の株式を取得し、引き続きその株式を有するときは、責任追及等の訴えの提起を請求することができる（会社847条の2)。

つまり、株式交換等の前に責任追及訴訟の提起がされていなくても、その原因となる事実が生じていれば、株式交換等により完全親会社や吸収合併後存続する株式会社の完全親会社の株主となる者が、株式交換等の後でも株主代表訴訟を提起できるようにするものとされている。

(5) 費用負担

代表訴訟の原告である株主の申立手数料は一律13,000円であり、その金額の収入印紙を貼付すれば代表訴訟を提起することが可能である。しかし、代表訴訟の勝訴判決の利益は会社に帰属するものであり、株主は、訴訟費用以外の旅費、調査費用などの支出費用と弁護士もしくは弁護士法人の報酬以外の支払を会社に請求することができない（会社852条1項）。

(6) 株主敗訴の場合の責任

株主代表訴訟においては、株主が勝訴した場合であっても、株主に対する直接の利益はなく、会社の利益のための訴訟である。したがって、代表訴訟を提起した株主および訴訟参加した株主が敗訴した場合であっても、悪意である場合を除き、株主は会社に対し、損害賠償義務を負う必要はない（会社852条2項・3項）。

(7) 再審の訴え

原告（株主）および被告（役員等）が共謀して、その会社の権利を害する目的をもって裁判所に判決をさせた場合は、その会社または株主は、判決が確定した場合であっても、再審の訴えを提起することが認められている（会社853条）。

5 多重代表訴訟（特定責任追及の訴え）

(1) 多重代表訴訟とは

子会社取締役等が任務懈怠により子会社に損害を与えた場合、子会社取締役等と親会社取締役の人的関係から責任追及はあまり期待できない。そこで、提訴懈怠防止の観点から、多重代表訴訟制度が創設された。多重代表訴訟とは、子会社への監督の必要性と親会社株主保護の観点から、親会社の株主が子会社に代わり、子会社の取締役等のその子会社に対する損害賠償責任（特定責任）を追及する訴訟である。しかし、濫訴防止の観点から、多重代表訴訟の適用範囲が大幅に制限されたものとなった。

なお、親会社取締役が、子会社取締役の職務執行を監督する旨の明文規定を設けることが提案されていたが、親会社取締役に加重な義務を課すこととなり、子会社に対する管理を萎縮させることになるので明文規定の導入はされなかった。

⑵　原告適格

株式会社（子会社）の最終完全親会社（子会社の完全親法人である株式会社で、その完全親法人がないもの）の総株主の議決権の100分の1以上の議決権または発行済株式の100分の1以上の数の株式を有する株主（公開会社の場合には6か月前からの株主に限る）は、その子会社に対し、発起人、設立時取締役、設立時監査役、取締役、会計参与、監査役、執行役、会計監査人または清算人（以下、「取締役等」という）の責任を追及する訴えの提起を請求することができる（会社847条の3第1項）。

ただし、その訴えが株主もしくは第三者の不正の利益を図りまたはその子会社もしくはその最終完全親会社に損害を与えることを目的としている場合や、その訴えに係る責任の原因となった事実によってその最終完全親会社に損害が生じていない場合には、提訴の請求をすることはできない（会社847条の3第1項ただし書）。

⑶　特定責任

子会社の取締役等の特定責任は、その原因となった事実が生じた日において、その子会社の最終完全親会社が有するその子会社の株式の帳簿価額（その最終完全親会社の完全子法人が有するその子会社の株式の帳簿価額を含む）が、その最終完全親会社の総資産額の5分の

1を超える場合に限り、この請求の対象とすることができる（会社847条の3第4項）。

なお、子会社が、この請求の日から60日以内に訴えを提起しないときは、その請求をした最終完全親会社の株主は、その子会社のために訴えを提起することができ（会社847条の3第7項）、その子会社の取締役等の責任は、子会社の総株主および最終完全親会社の総株主の同意がなければ免除することはできない（会社847条の3第10項）。

また、特定責任の一部免除は、子会社の株主総会の特別決議に加え、最終完全親会社の株主総会の特別決議が必要である（会社425条1項）。

⑷　補助参加

最終完全親会社の株主は、共同訴訟人として、または当事者の一方を補助するため、多重代表訴訟に係る訴訟に参加することができ、この最終完全親会社も当事者の一方を補助するため、その訴訟に参加することができる（会社849条1項）。

⑸　敗訴した株主等の損害賠償責任

責任追及の訴えをした株主等が敗訴した場合であっても、株主代表訴訟同様、悪意である場合を除き、その株主等は、その会社等に対し、これによって生じた損害を賠償する義務を負わない（会社852条2項）。この規定は、訴訟参加した株主についても準用する（会社852条3項）。

第7節　3つの機関設計の比較

1　取締役会決議における議決権

監査役会設置会社、監査等委員会設置会社、指名委員会等設置会社のいずれにおいても、3名以上の取締役で構成される取締役会が設置される（会社331条5項・362条1項）。指名委員会等設置会社や監査等委員会設置会社においては、監査委員や監査等委員は取締役（過半数は社外取締役）であることから取締役会の決議における議決権を有しているが、監査役会設置会社の監査役（社外監査役を含む）は議決権を有していない。このことは、監査委員や監査等委員が取締役会の意思決定に参加し、経営のモニタリング機能を発揮することができ、海外の投資家からも理解を得られやすく、モニタリングの強化と海外からの投資の誘引という観点から監査役より優れているといえる。しかし、監査役は、取締役会で取締役の業務執行について意見陳述することにより、違法不当な業務執行を予防することができ、取締役会での議決権を行使できないことによる自己監査の回避という効果をもっている[7)]。

2　重要な業務執行の決定の委任

指名委員会等設置会社においては、一定の会社の基本事項を除き、重要な業務執行の決定を取締役会から執行役に委任することが認められている（会社416条4項）。

一方、監査役会設置会社と監査等委員会設置会社においては、原

7）稲葉威雄「今後の監査役のあり方を考える――改正会社法、コーポレートガバナンス・コード等を踏まえて」月刊監査役641号（2015・6）37頁。

則として、取締役会は、重要な業務執行の決定を取締役に委任することはできないが（会社362条4項・399条の13第4項）、例外として、監査等委員会設置会社においては、取締役の過半数が社外取締役である場合（会社399条の13第5項）、または、取締役会の決議により、重要な業務執行の決定を個々の取締役に委任することができる旨を定款で定めた場合には（会社399条の13第6項）、取締役会の決議により、業務執行取締役に対して重要な業務執行の決定を委任することができる。

したがって、監査等委員会設置会社は、監査役会設置会社のように、取締役会が業務執行と監督の機能を有するオペレーティング・モデルの制度設計と、指名委員会等設置会社における取締役会同様に、監査・監督を中心とするモニタリング・モデルの制度設計のどちらにも柔軟に対応でき、機動的な取締役会の運営が可能となる。つまり、監査等委員会設置会社は、監査役会設置会社と指名委員会等設置会社の中間的機関設計として設置された制度であるといえる。

3　監査権限

監査役会設置会社においては、3名以上の監査役で構成される監査役会が設置され、監査役の過半数は社外監査役でなければならない（会社335条3項・390条1項）。したがって、社外監査役と社外取締役の両者が併存することになるが、指名委員会等設置会社や監査等委員会設置会社においては、社外監査役は設置できないことから、社外役員としての機能の重複はなくなり、人件費の負担を軽減することができる。

しかし、監査役会設置会社の監査役（社外監査役を含む）は、自らが独自に監査権限を行使できる独任制の機関であり、指名委員会等設置会社や監査等委員会設置会社の監査委員や監査等委員（過半数は社外取締役）は独任制の機関ではないため、組織としての権限を行使することはできるが単独の権限は限定され、監査役と比較して機動的な監査を行うことができない点が指名委員会等設置会社や監査等委員会設置会社にとってはデメリットといえる。

4　各委員会の設置

指名委員会等設置会社においては、取締役会の役割は、極めて重要な業務執行の決定を行う以外は、取締役や執行役の職務執行に対する監督機能に特化され、社外取締役が過半数を占める指名委員会・監査委員会・報酬委員会を設置しなければならない。なお、各委員会で決定した内容は取締役会の決議をもってしても変更することはできない。

一方、監査等委員会設置会社においては、社外取締役が過半数を占める監査等委員会を設置するだけでよく、監査等委員会が選定する監査等委員は、取締役の選解任および報酬等について意見を述べることはできるが、指名委員会や報酬委員会の設置は必要ない。

しかし、監査役会設置会社と監査等委員会設置会社においては、コーポレートガバナンス・コード（補充原則4－10①）で、指名・報酬などの特に重要な事項に関して社外取締役の適切な関与・助言を得るべきであると提言されていることから、社外取締役を構成員とする任意の諮問委員会を設置し、柔軟な運営を行う企業が増加している。

第3章

株式会社の機関設計における社外取締役・社外監査役の職務と権限

第1節　監査役会設置会社における社外取締役・社外監査役

1　社外取締役と監査役との連携

コーポレートガバナンス・コード（補充原則4－4①）において、監査役または監査役会は、社外取締役が、その独立性に影響を受けることなく情報収集力の強化を図ることができるよう、社外取締役との連携を確保すべきであるとされている。

監査役会設置会社においては、監査役が独任制の立場から監査権限を行使し、実査を行い、常勤監査役の設置が義務づけられている。確かに、常勤監査役には高い情報収集力があるため、社外取締役では収集できない情報を有することがあり、これを共有することにより社外取締役制度の実効性が高まる。他方、社外取締役は取締役会での議決権を有する。また、監査役には適法性を中心に監査することが期待されているが、社外取締役には幅広い経営全体の監督が期待されている。

適法性監査の権限を有する監査役と妥当性監査の権限にまで及ぶ社外取締役が連携するといっても立場の違いがあり、それほど簡単に連携できるものではない。しかし、コーポレートガバナンスを強化し機能させるためには、立場の違いを乗り越えて連携することが求められる。

2　社外取締役・社外監査役の関係

監査役設置会社では監査役は1人以上であればよいが、監査役会設置会社の監査役の人数は3人以上で、そのうちの半数以上は社外監査役でなければならない（会社335条3項）。これは、従業員から昇格する社内監査役では、自分を監査役へ引き上げてくれた、かつての上司である経営者に対して、厳しい監査を行うことはできないのではないか、さらに、監査役会の中で1人だけでは不十分ではないかという批判を受けて、取締役の業務執行の監査が社内出身の監査役だけで行われることは適当ではないとの観点から、客観的視点で監査することができる過半数の社外監査役を選任することにより、社内出身の監査役と協力して適正な監査を行おうとするのが狙いである。

社外監査役と社外取締役は、ともに中立的・客観的な視点から監査を行うことを期待されているという点については共通する。したがって、両者が連携協力してお互いの不備を補うことにより、より強力なガバナンス体制を構築することができる。しかし、社外監査役と社外取締役の両方を義務化し二重に「社外の目」を導入することは、重複を生じさせ、規制としては過剰であることは否めない。

第2節　監査等委員会設置会社における社外取締役

監査等委員会設置会社の監査等委員会は、監査等委員である取締役3人以上で組織され、その過半数は、社外取締役でなければない(会社331条6項)。監査等委員は取締役であることから、取締役会の決議に参加し、取締役会を通じて取締役の監督を行うと同時に監査も行う。また、取締役で構成される監査等委員会には、指名委員会等設置会社の指名委員会や報酬委員会のように取締役の選解任および報酬の議案についての決定権限はないが、株主総会において意見陳述権が認められている。さらに、監査等委員会は、指名委員会等設置会社の監査委員が業務執行の妥当性を監督する取締役会の構成員である監査委員会と同様に、妥当性監査の権限も有すると解することができる。

なお、監査等委員会設置会社においては、監査等委員会を設置するのみで指名委員会や報酬委員会の設置は必要ない。しかし、任意の諮問委員会を設置することなどにより、指名・報酬などの特に重要な事項に関する検討に当たり社外取締役の適切な関与・助言を得ることができ、柔軟な運営を行うことができる。

また、監査等委員会設置会社においては、監査等委員会が監査の主体となり機関監査が行われる。したがって、監査等委員は、指名委員会等設置会社における監査委員と同様、内部統制システムを利用した組織的監査を行い、実査を要せず、常勤者の選定は義務付けられていない。

さらに、監査等委員会設置会社においては、指名委員会等設置会社において執行役に重要な業務執行の決定に対する委任が認められるのと同様に[8)]、取締役の過半数が社外取締役である場合（会社399条の13第5項）、または、取締役会の決議により、重要な業務執行の決定を個々の取締役に委任することができる旨を定款で定めた場合には（会社399条の13第6項）、取締役会の決議により、業務執行取締役に対して重要な業務執行の決定を委任することができる。

第３節　指名委員会等設置会社における社外取締役

指名委員会等設置会社においては、指名委員会・監査委員会・報酬委員会を設置しなければならない。各委員会は、取締役会決議により選定した取締役3名以上で構成され（会社400条1項・2項）、各委員会は、委員の過半数を社外取締役で組織する必要がある（会社400条3項）。指名委員会や報酬委員会は、取締役の選解任および報酬の議案についての決定権限を有する。

また、監査委員会の監査委員は、内部統制システムを利用した組織的監査を行い、実査を要せず、常勤者の選定は義務付けられていない。したがって、監査委員は取締役であることから、取締役会の決議に参加し、取締役会を通じて取締役の監督を行うと同時に監査も行うことから、監査委員会には、妥当性監査の権限も有すると解されている。

一方、指名委員会等設置会社については、社外取締役に取締役の人事および報酬の決定権を委ねる指名委員会および報酬委員会を置くことに対する抵抗感があり、社外取締役が適切な経営判断を下せ

8）江頭憲治郎『株式会社法（第7版）』（有斐閣・2017）588頁注⑷。

るのだろうかという疑念があることから減少傾向にある。また、社外取締役である監査委員は、内部統制システムを利用した組織的監査を行うことから、社長などの経営者の支配下にある従業員と協力しながら監査を行うことになるがうまく機能するのか、十分な情報が提供されて取締役会での議決権を行使できるのか、など懸念されている。

第4節　3つの機関設計における社外取締役の比較

社外取締役の職務と権限については、社外取締役が属する取締役会の権限が、3つの機関設計によって異なることからそれぞれ異なるものとなる。監査役会設置会社の社外取締役を含む取締役会は、業務執行に関する意思決定を行うとともに、取締役の職務の執行を監督する機関である（会社362条2項）。

指名委員会等設置会社の社外取締役を含む取締役会は、業務執行の決定と執行役等の職務の執行を監督する機関であり（会社416条）、社外取締役は、指名委員会、監査委員会、報酬委員会の委員を兼務する場合には、その委員会の法定権限に基づいて職務を行う（会社404条1項～3項）。

監査等委員会設置会社の社外取締役を含む取締役会は、監査役会設置会社の取締役会と同様、業務執行に関する意思決定を行うとともに、取締役の職務の執行を監督する機関となるか（会社399条の13第1項～4項）、それとも、取締役の過半数が社外取締役である場合や取締役会の決議により定款で定めた場合には、重要な業務執行の決定を個々の取締役に委任することができ（会社399条の13第5項・6項）、指名委員会等設置会社の取締役会と同様、取締役会の機能は監督が中心となり、監督に当たる取締役が業務執行の決定に関与しなくてもよいことから、業務執行と監督の分離を図ることもできる。

このように、社外取締役は取締役会の構成員であり、その地位は取締役会に基づくものであるから、社外取締役の職務と権限は3つの機関設計によって異なるものとなる。

第5節　社外監査役と監査等委員・監査委員の比較

1　監査・監督機能

監査役会設置会社の監査役（過半数は社外監査役）は監査機関であることから、監査は行わなければならないが、監督は義務付けられているわけではない。それに対し、監査等委員会設置会社の監査等委員は取締役（過半数は社外取締役）であることから、指名委員会等設置会社の監査委員（過半数は社外取締役）同様、取締役会の決議に参加し、取締役会を通じて取締役の監督を行うと同時に監査も行う。

さらに、監査等委員会には、指名委員会等設置会社の指名委員会や報酬委員会のように取締役の選解任および報酬の議案についての決定権限はないが、株主総会において意見陳述権が認められている。なお、監査等委員会は、指名委員会等設置会社の監査委員会同様、適法性監査と妥当性監査の権限を有する。

それに対して、社外監査役を含む監査役は、原則として、適法性監査の権限を有するが、妥当性監査の権限がないわけではなく、経営陣に対する適切な意見陳述権も認められている。

2　独任制の有無

監査役会設置会社の社外監査役を含む監査役は、自らが独自に監査権限を行使できる独任制の機関であり、実査を行う。それに対し、監査等委員会設置会社の監査等委員は、指名委員会等設置会社の監査委員同様、監査役のような独任制の機関ではないため、監査等委員が実査することは要求されず、監査等委員会が監査の主体となり機関監査が行われ、内部統制システムや内部監査部門を利用することにより組織的監査を行う形式をとっている。また、監査等委員会・監査委員会で選任された監査等委員・監査委員の取締役だけが調査権限（報告徴収権・業務財産調査権）を有する。

なお、監査等委員・監査委員は、報告の徴収または調査に関する事項についての監査等委員会・監査委員会の決議があるときは、これに従わなければならない（会社399条の3第4項・405条4項）。しかし、業務執行に関する妥当性の判断と異なり、違法・適法に関する判断は多数決で決着をつけるべき問題ではない[9)]。

また、監査役会設置会社では、常勤監査役が義務付けられているが、監査等委員会設置会社においては、監査等委員会が、指名委員会等設置会社の監査委員会同様、内部統制システムを利用した組織的監査を行い、実査を要しないことから、常勤の監査等委員の選定は義務付けられていない。しかし、常勤の監査等委員・監査委員の選定の有無およびその理由は、事業報告の記載事項とされている（会社施規119条2号・121条10号）。

常勤者は、人的な面も含めて社内の状況を把握していることから、内部情報入手にとって有益であり、常勤者の選定は、ガバナンスの強化の観点からきわめて合理性がある。

9）江頭憲治郎、前掲注8)、533頁。

3 独立性の確保

監査役会設置会社においては、監査役選任議案を株主総会に提案する取締役（会）の決定にあたり、監査役（会）の同意権および提案請求権が認められ、監査役選任に際し監査役（会）の同意が必要であり、監査役（会）の決議で取締役に対し監査役の選任を株主総会の会議の目的とする請求ができる（会社343条）。

しかし、取締役（会）が監査役の選解任議案の決定権を有していることから、監査される者が監査する者を選解任しているという実状では、監査役が独立性を確保し、客観的に取締役をモニターすることは難しい。

一方、監査等委員会設置会社においては、監査等委員は取締役であり、取締役会で議決権を行使でき、代表取締役の選定・解職やそれ以外の取締役および監査等委員自身の選解任の議案決定にも関わっている。監査等委員の選解任は、株主総会で決議されるが、監査等委員会の同意権や監査等委員の意見陳述権の行使では、独立性の確保の手段としては弱いともいえ[10]、監査される取締役が監査する監査等委員である取締役の選任議案決定権を有するという構図に変わりはない。

指名委員会等設置会社の指名委員会や報酬委員会には取締役の選解任および報酬の議案についての決定権限はあるが、取締役会から独立した機関でない限り根本的な問題が解決されたことにはならない。

10）古川朋雄「監査等委員の権限・義務・責任」ビジネス法務14巻10号（2014・10）53頁。

4　自己監査の問題

監査役会設置会社の社外監査役を含む監査役は、独立した独任制の機関であることから、原則として自己監査の問題は生じない。しかし、取締役が監査役に横滑りする場合には生じる可能性はある。

一方、監査等委員会設置会社においては、指名委員会等設置会社の監査委員同様、監査等委員は、監査を担うとともに、取締役会の構成員として、すべての取締役会決議事項の決定への関与を通じて監督機能を果たしていることから、後日、その決議事項の適法性が問題となったときに、自己監査の問題が発生する。

経営の決定への関与によって経営責任を負う以上、過去の自己の判断を否定する監査を期待することは難しい[11)]。

第6節　内部統制システムと社外取締役・社外監査役

1　内部統制システムとは

内部統制システムとは、会社の業務執行の手続を定め、不祥事や事故を早期に発見し是正することができるような仕組みをいう。健全な会社経営を行うためには、リスクの状況を把握し制御するリスク管理体制を整備する必要があることから、取締役の職務の執行が法令および定款に適合することを確保するための体制、その他株式会社の業務ならびにその株式会社および子会社から成る企業集団の業務の適正を確保するために必要な体制（内部統制システムならびに

11）浜辺陽一郎「監査等委員会設置会社の導入によるガバナンス改革の行方」青山法務研究論集9号（2014・9）24頁。

企業グループ内部統制システム）の整備を（会社348条3項4号・362条4項6号・399条の13第1項1号ハ・416条1項1号ホ）、監査役会設置会社の大会社では取締役または取締役会が、監査等委員会設置会社および指名委員会等設置会社においては取締役会が決定しなければならない（会社348条4項・362条5項・399条の13第2項・416条2項）。

会社法上、内部統制システムはコンプライアンスとリスク管理を目的とし、内部統制システムの構築は取締役（以下、社外取締役を含む）の職務の一環であり、それが機能しているかどうかの監督ないし監視も取締役の善管注意義務である。

しかし、株式会社に損害が生じた場合、内部統制システムが機能しなかったのか、機能したけれども結果的に損害が発生したのかが問題となる。内部統制システムは、株式会社の規模や事業の特性に合わせて企業ごとに個別に構築されるべきものであるが、それが適切でなく運用面で機能しなければ、取締役は、善管注意義務違反に問われるおそれがあり、不断の見直しが求められる。

内部統制システムに不備がなければ、取締役が、この内部統制システムを信頼して監督ないし監視行為をすることは、取締役の責務を果たすことになる。このことは「信頼の権利」と呼ばれ、アメリカの判例法において認められてきた法理であり、内部統制システムが構築され十分機能しているときには、職務執行が違法もしくは不当であると疑うべき事実がない限り、善管注意義務違反とはならないと解することである。

ただし、内部統制システムが構築されていても不備があった場合には、取締役は免責されることはない。さらに、担当者を信頼して任せっきりにすることも監督・監視義務違反となる。

内部統制システムにも弱点があり、完全な内部統制システムなどあり得ない。「内部統制が経営者に期待することは、合理的な保証であり、絶対的な保証ではない。企業活動は自然人によって行われることから、ここに内部統制の限界がある。すなわち、意思決定において判断を誤る可能性は否定できず、また、規制の手続の確立にあたっては、費用と便益との比較考量が必要となる。

さらに、内部統制の担当者の単純な誤りや誤解によって、一時的に正常に働かなくなる場面も考えられ、内部統制を意図的に破ることを事前に防止することは不可能である。その上、内部統制を規律すべき経営者がそれを無視することがあり得る[12)]」。

会社法上の内部統制システムとは、違法行為を事前に防止するだけでなく、違法行為により損害が発生した場合には、その損害を最小限に食い止め、責任追及の機能を果たすと同時に、取締役および執行役の職務執行の効率性と監査役（社外監査役を含む）または監査等委員会・監査委員会（過半数は社外取締役）の実効的な監査を確保することを目的とする体制を意味する。

2　内部統制システムの監査

内部統制システムの整備について、取締役（会）が決定しなければならず、構築された内部統制システムの整備の内容は、監査役（会）（監査役設置会社の大会社）または監査等委員会（監査等委員会設置会社）・監査委員会（指名委員会等設置会社）の監査の対象とされている。

なお、過半数が社外取締役である監査等委員・監査委員が内部統制システムの整備・構築に携わり、その監査は、内部統制システムに基づき、その内部統制システム自体を監査し、そのシステムを通じて業務執行を監査することになるので、監査等委員会・監査委員会が監査するに当たり実効性があると思われる事項を反映すること

12）川口恭弘「内部統制システムの意義（総論）」『内部統制システムの新潮流と課題』月刊監査役504号別冊付録（2005・8）5頁。

ができるとともに、内部統制システムの構築がなければ、監査等委員会・監査委員会は監査を行うことができないことを意味する。ただし、大会社以外の監査役設置会社（中小会社）においては、監査役が内部統制システムを利用して監査することを禁止する規定はないことから、内部統制システムの構築は任意である。

また、監査役（会）または監査等委員会・監査委員会は、内部統制システムの整備の概要を内容とする事業報告およびその附属明細書を監査し、内部統制システムの整備に関する取締役（会）の決定の内容が相当でないと認めるときは、その旨およびその理由を内容とする監査報告を作成しなければならない（会社施規129条1項5号・130条2項2号・130条の2第1項2号・131条1項2号）。なお、事業報告や監査報告は株主や会社債権者に提供される（会社437条・442条）。

3　内部統制システムの内容の相当性

内部統制システムの整備に関する取締役（会）の決定の内容の相当性については、その会社にとって内部統制システムを有効に運用できる内容か、その内容に沿って運用されているか否かが判断の基準となる。

なお、監査役（会）または監査等委員会・監査委員会が、内部統制システムの整備の内容が相当でないにもかかわらず相当であると認めるときは、監査役または監査等委員・監査委員は、会社または第三者に対し、任務懈怠による損害賠償責任を連帯して負うことになる（会社423条1項・429条1項・430条）。もちろん、内部統制システムの整備の有無にかかわらず、監査役または監査等委員・監査委員の監査において任務懈怠があった場合には、善管注意義務違反を問われることになる。

しかし、監査役（会）または監査等委員会・監査委員会が、適法監査意見を監査報告に記載し提出した後に違法行為が発覚した場合、内部統制システムは機能したが、監査役または監査等委員・監査委員の任務懈怠があったのか、内部統制システムが機能しなかったのか、これらを明確にすることには困難が予想される。

さらに、取締役または執行役の職務の執行が効率的に行われることを確保するための体制の整備も内部統制システムの内容であり監査対象となる。したがって、内部統制システムに関する監査については、監査等委員・監査委員はもちろんのこと、監査役においても妥当性監査に及ぶのであり適法性監査に限定することはできないといえる[13)]。

4　内部統制システムの方向性

会社法の定める内部統制システムは、コンプライアンス体制とリスク管理体制の整備を目的としたものであるが、取締役または執行役の職務執行の効率性を確保するための体制の整備も内部統制システムの内容である。今後、これらの体制を整備・確保し、機能的に運用するための監査役または監査等委員・監査委員の監査意見や監査報告の重要性がますます増大し、取締役（会）が決定した内部統制システム整備の内容の相当性に対する監査は、従来とは質的に異なったものに変化していくであろう。

なお、内部統制システム構築に向けての会社の負担は測り知れないものがあるが、文書化して形だけ整えても有効に機能しなければ意味がないものになってしまう。そこで、目に見えるものにして、会社の内部もしくは外部からのチェックが容易にできるものにする

13）伊藤靖史「内部統制システムに関する役員の権限・義務・責任」『内部統制システムの新潮流と課題』月刊監査役504号別冊付録（2005・8）34頁、35頁。

必要がある。確かに、どのような内部統制システムを整備するかは経営者の意思に任されているが、完璧な内部統制システムなどあり得ないのであり、不祥事を未然に防止し、不祥事が発生した場合においても、会社の損失をできるだけ最小限に抑えることができるような合理的な保証を与えるシステムにとどまるという限界がある。

しかし、社外の客観的立場にある社外取締役・社外監査役は、経営者の不正に対しては、内部統制システムと合わせて、社内情報に精通し、経営者の暴走を監視する監査機関（監査役（会）、監査等委員会、監査委員会、会計参与、公認会計士、監査法人など）との連携が重要になってくる。内部統制システムの整備・強化と監査機関との連携により、経営者の不正の防止に有効に機能するものと考える。

第4章

コーポレートガバナンス・コードと社外取締役・社外監査役

第1節　コーポレートガバナンス・コードとは

1　コーポレートガバナンス・コード策定の経緯

コーポレートガバナンス・コード（以下、本コードという）は、アベノミクスの第三の矢である成長戦略の柱の1つであり、金融庁と東京証券取引所が、2014年12月12日に開いた有識者会議で指針案を了承した。社外取締役の複数化や政策保有株式の保有の狙いと合理性についての開示などを中心として取りまとめられ、東京証券取引所1部・2部の上場企業を対象に、東京証券取引所がルール化し、企業統治5原則を2015年6月1日から適用された。

2014年2月26日、日本版スチュワードシップ・コードが公表され、2014年6月20日、企業統治の強化と親子会社法制の見直しを改正の中心とする改正会社法が成立した。

さらに、2014年6月24日に公表された「『日本再興戦略』改訂2014」において、日本経済全体としての生産性を向上させ稼ぐ力を強化していくためには、コーポレートガバナンスの改革により、経営者のマインドを変革し、グローバル水準のROE（自己資本利益率）の達成等を1つの目安に、グローバル競争に打ち勝つ、攻めの経営判断を後押しする仕組みを強化していくことが重要であるという考え方に基づき、東京証券取引所が、株主総会のシーズンに間に合うよう新たに「本コード」を策定することを支援することが盛り込まれた。

これを受けて、2014年8月7日、金融庁と東京証券取引所を共同事務局とする「コーポレートガバナンス・コードの策定に関する有識者会議」が設置され、2015年3月5日に開いた有識者会議で正式決定されたコーポレートガバナンス・コードは、社外取締役の複数化や政策保有株式の保有の狙いと合理性についての開示などを中心として基本的考え方が取りまとめられ、東京証券取引所1部・2部の上場企業を対象に、東京証券取引所が上場規則等の改正を行い、本コードが制定され、企業統治5原則が2015年6月1日からソフトローとして適用開始された。

2　コーポレートガバナンス・コードの概要

本コードは、企業統治のための5つの基本原則（①株主の権利・平等性の確保、②株主以外のステークホルダーとの適切な協働、③適切な情報開示と透明性の確保、④取締役会の責務、⑤株主との対話）およびそれぞれについての原則、補充原則から構成され、企業側が従うべき指針が示されている。

本コードは、会社の意思決定の透明性・公正性を担保しつつ、会社の迅速・果敢な意思決定を促すことを通じて「攻めのガバナンス」の実現を目指すものである。会社におけるリスクの回避・抑制や不祥事の防止といった側面を過度に強調するのではなく、会社の持続的な成長と中長期的な企業価値の向上が図られることにより、会社、投資家、ひいては経済全体の発展に寄与することが期待されている。

つまり、経営陣が、結果責任を問われることを懸念して、自ずとリスク回避的な方向に偏るおそれもある。こうした状況の発生こそが会社としての果敢な意思決定や事業活動に対する阻害要因となるものであり、本コードでは、会社に対してガバナンスに関する適切な規律を求めることにより、経営陣をこうした制約から解放し、健全な企業家精神を発揮しつつ経営手腕を振るえるような環境を整えることを狙いとしている。

さらに、本コードは、日本版スチュワードシップ・コードに基づく、株主（機関投資家）と会社との間の建設的な「目的を持った対話」（エンゲージメント）によって、さらなる充実を図るとともに、本コードから生まれるガバナンス体制の情報の開示は、日本版スチュワードシップ・コードを推進するための大前提であり、本コードと日本版スチュワードシップ・コードとは「車の両輪」であるといわれている。両者が適切に相まって実効的なコーポレートガバナンスが実現されることが期待される。

また、本コードは、上場企業に対して、日本版スチュワードシップ・コードにおいてすでに採用されている「プリンシプルベース・アプローチ」（原則主義）を採用するとともに、「コンプライ・オア・エクスプレイン（Comply or Explain）」（原則を実施するか、実施しない場合には、その理由を説明するか）の手法を採用し、法的拘束力を持つ法規範ではなく、遵守義務や罰則のないソフトローとして適用された。

3　コーポレートガバナンス・コードの改訂

コーポレートガバナンス・コードの改訂は、金融庁・東京証券取引所に設置された「スチュワードシップ・コード及びコーポレートガバナンス・コードのフォローアップ会議」において検討が進められた。2018年2月15日の第14回会合では、「投資家と企業の対話ガイドライン（案）」が示され、コーポレートガバナンス・コードの見直しのたたき台として「投資家と企業の対話ガイドラインの策定に伴うコーポレートガバナンス・コードの改訂に係る論点」が提出された。

そして、金融庁は、2018年3月26日、「コーポレートガバナンス・コードの改訂と投資家と企業の対話ガイドラインの策定について」と「コーポレートガバナンス・コード改訂案」を公表した。当初から定期的に見直すことが予定されていたが、今回が3年ぶりの初めての改訂となった。意見公募を経て5月に正式に改訂し、6月1日から適用された。

改訂案においては、①政策保有株式の縮減に関する方針・考え方の開示、②企業年金のアセットオーナーとしての機能発揮、③取締役会が最高経営責任者（CEO）の後継者計画に主体的に関与、④取締役会の経営陣の報酬制度設計の明示、⑤取締役会による最高経営責任者（CEO）の選解任手続の客観性・適時性・透明性の確立、⑥独立社外取締役の有効活用、⑦ジェンダーや国際性の面を含む多様性の確保、⑧事業ポートフォリオの見直しや設備投資などに関する明確な説明など[14)]、原則を新設・追加・修正することにより、経営の透明性や実効性を確立し、国際競争力を高め、企業の持続的な成長と企業価値の向上を目的としている。

第2節　コーポレートガバナンス・コードにおける社外取締役

1　独立社外取締役の位置付け・役割・責務

コーポレートガバナンス・コード（原則4－6）において、「上場会社は、取締役会による独立かつ客観的な経営の監督の実効性を確保すべく、業務の執行には携わらない、業務の執行と一定の距離を置く取締役の活用について検討すべきである」とされている。これは、経営の監督における取締役会の独立性と客観性を確保するためには、業務執行者である経営陣から一定の距離を置いて独立している社外取締役を活用することにより、経営の執行と監督の分離を推進しようとするものである。

さらに、コーポレートガバナンス・コード（原則4－7）において、「上場会社は、独立社外取締役には、特に、(i)経営の方針や経営改善について、自らの知見に基づき、会社の持続的な成長を促し中長期的な企業価値の向上を図るとの観点からの助言を行うこと、(ii)経営陣幹部の選解任その他の取締役会の重要な意思決定を通じ、経営の監督を行うこと、(iii)会社と経営陣・支配株主等との間の利益相反を監督すること、(iv)経営陣・支配株主から独立した立場で、少数株主をはじめとするステークホルダーの意見を取締役会に適切に反映させることの役割・責務を果たすことが期待されることに留意しつつ、その有効な活用を図るべきである」とされている。

これは、社外取締役の役割・責務は、会社の持続的な成長と企業

14）スチュワードシップ・コード及びコーポレートガバナンス・コードのフォローアップ会議「コーポレートガバナンス・コード～会社の持続的な成長と中長期的な企業価値の向上のために～（改訂案）」（平成30年3月26日）参照。

価値の向上のために、自らの知識と経験に基づき、経営方針や経営改善について助言することである。さらに、独立した立場である社外取締役が業績を評価することで、経営方針や経営改善を、代表取締役をはじめとする業務執行者である経営陣だけに任せるべきではなく、積極的に関与すべきであるとしている。また、取締役会の重要な意思決定を通じて、経営の監督を行うことも社外取締役の役割・責務であるとされている。

さらに、会社、経営陣、支配株主、少数株主の利益相反を監督し、少数株主をはじめとするステークホルダーの意見を取締役会に適切に反映させることも、社外取締役の役割・責務であると明記されている。

2　独立社外取締役の有効活用

コーポレートガバナンス・コード（改訂前原則4－8）において、「独立社外取締役は会社の持続的な成長と中長期的な企業価値の向上に寄与するように役割・責務を果たすべきであり、上場会社はそのような資質を十分に備えた独立社外取締役を少なくとも2名以上選任すべきである。また、業種・規模・事業特性・機関設計・会社をとりまく環境等を総合的に勘案して、自主的な判断により、少なくとも3分の1以上の独立社外取締役を選任することが必要と考える上場会社は、上記にかかわらず、そのための取組み方針を開示すべきである」とされていた。

独立社外取締役の人数については、形式基準の弊害や量より質の問題、実効的に役割を果たすためには複数必要であるなどの意見もあったが、結局、複数名設置すればその存在が活かされる可能性が大きく高まるという観点から、「少なくとも2名以上」という提案になった。

また、独立社外取締役の複数名設置については、人数と企業の収益性や業績向上および違法行為の防止には因果関係がないことや数の確保の問題があるが、異なる経営経験からの複数の視点を生かせば、経営改善につながる可能性もあり、取締役経験者が他社の社外取締役になることにより人材不足は相当程度解消するであろう。

なお、改訂前の原則4－8において、独立社外取締役を少なくとも2名以上選任すべきであり、自主的な判断により、少なくとも3分の1以上の独立社外取締役を選任することが必要と考える上場会社は、そのための取組み方針を開示すべきであるとされていた。

しかし、改訂後原則4－8は、「独立社外取締役は会社の持続的な成長と中長期的な企業価値の向上に寄与するように役割・責務を果たすべきであり、上場会社はそのような資質を十分に備えた独立社外取締役を少なくとも2名以上選任すべきである。また、業種・規模・事業特性・機関設計・会社をとりまく環境等を総合的に勘案して、少なくとも3分の1以上の独立社外取締役を選任することが必要と考える上場会社は、上記にかかわらず、十分な人数の独立社外取締役を選任すべきである」とし、独立社外取締役の選任を現在の「2名以上」の目標を「3分の1以上が必要なら十分な人数を選任すべきである」とした。

これは、海外の大企業は、取締役会の半数以上を社外取締役で占める事例が多く、性別、国籍、年齢など様々な人材を社外取締役とする取締役会の多様性が進んでいる海外の流れを意識してのことであり、経営の透明性を高め、海外の投資を促す狙いがある。

また、複数の社外取締役が増加すればアドバイスの質も向上し、内部者の提案に対して異議を唱える場合、1人では孤立し、反対意見は実効性を持たない可能性が高い。では、なぜ過半数としないのか。日本企業の現状からは距離が大きく、従う企業が少なすぎるという判断と、急激に変更するとコストが大きすぎるという判断があったとみられる[15)]。しかし、大企業であっても、3分の1以上の社外取締役を選任することは、人材確保のための多大な負担を強いられることになる。

また、「独立社外取締役は、取締役会における議論に積極的に貢献するとの観点から、例えば、独立社外者のみを構成員とする会合を定期的に開催するなど、独立した客観的な立場に基づく情報交換・認識共有を図るべきである」とする（補充原則4－8①）。

さらに、「独立社外取締役は、例えば、互選により『筆頭独立社外取締役』を決定することなどにより、経営陣との連絡・調整や監査役または監査役会との連携に係る体制整備を図るべきである」とする（補充原則4－8②）。

独立社外者のみを構成員とする社外取締役会議（エグゼクティブセッション）や互選により「筆頭独立社外取締役」を設置することは、責任を明確化するという観点から意味がある。

3　諮問委員会の設置

現在、上場会社に「任意の諮問委員会」の設置が急速に普及している。その背景には、コーポレートガバナンス・コードにおいて、独立社外取締役を活用した「任意の諮問委員会」の設置について言及していることが考えられる。

コーポレートガバナンス・コード（原則4－10）において、「上場会社は、会社法が定める会社の機関設計のうち会社の特性に応じて最も適切な形態を採用するに当たり、必要に応じて任意の仕組みを活用することにより、統治機能のさらなる充実を図るべきである」とされている。

15）宮島英昭「独立取締役の複数選任制を読み解く」ビジネス法務15巻4号（2015・4）15頁。

さらに、「上場会社が監査役会設置会社または監査等委員会設置会社であって、独立社外取締役が取締役会の過半数に達していない場合には、経営陣幹部・取締役の指名・報酬などに係る取締役会の機能の独立性・客観性と説明責任を強化するため、取締役会の下に独立社外取締役を主要な構成員とする任意の指名委員会・報酬委員会など、独立した諮問委員会を設置することにより、指名・報酬などの特に重要な事項に関する検討に当たり独立社外取締役の適切な関与・助言を得るべきである」とする（補充原則4－10①）。

つまり、上場会社が指名委員会等設置会社でない場合には、経営陣幹部・取締役の指名・報酬の決定に当たり、取締役会の決定に対して拘束力はないものの、その決定に当たって諮問を受け、その内容を審議する取締役会の下部機関として、独立社外取締役を主要な構成員とする任意の指名委員会・報酬委員会など、独立した諮問委員会を設置し、独立社外取締役の適切な関与・助言を得ることにより、客観性と透明性を確保することを目的とするものである。

さらに、コーポレートガバナンス・コードにおいて、コーポレートガバナンスに関連するさまざまな事項（関連当事者間の取引に関する事項や監査役の指名に関する事項など）をこうした委員会に併せて検討させるなど、会社の実情に応じた多様な対応を行うことが考えられるとの補足説明がされている。

しかし、任意の諮問委員会が答申した事項に対する法的な拘束力はなく、諮問委員会を構成する委員を開示する義務もないのでは、コーポレートガバナンス・コードが掲げる公正性・客観性・透明性を確保したものといえるのかどうか疑問である。

コーポレートガバナンス・コードにおいて、社外取締役を活用した任意の諮問委員会の設置は、社外取締役が中心になることが適切であるとする趣旨と考えられるが、社外取締役を中心とした任意の諮問委員会の答申が取締役会においてどれだけ尊重されるかについての制度的担保はない。諮問委員会では、多数派である社外取締役の賛成で決定された答申であっても、取締役会においては、社外取締役が一般的には少数派であるから、取締役会において否決される可能性もある[16)]。少なくとも、任意の諮問委員会の委員長に、客観的立場である社外取締役が就任することで制度的強化となる。

やはり、社外取締役は、会社の事情に精通しているわけではないので、取締役の人事や報酬の決定プロセスや考え方に問題があるときに意見を述べることが重要なのであり、取締役の人事や報酬の決定権を持つべきではないと考える。

しかし、諮問委員会の答申に対する法的な拘束力はなく、委員を開示する義務もないでは公正性・客観性・透明性を確保したものとして信頼を得ることはできない。たとえ任意の諮問委員会であっても、少なくとも、委員を開示し、その審議のプロセスを一定の基準を設けて透明化する必要があるのではないだろうか。

4　取締役に女性や外国人の積極的登用

改訂前原則4－11を追加修正し、取締役会について、「取締役会は、その役割・責務を実効的に果たすための知識・経験・能力を全体としてバランス良く備え、ジェンダーや国際性の面を含む多様性と適正規模を両立させる形で構成されるべきである。また、……取締役会は、取締役会全体としての実効性に関する分析・評価を行うことなどにより、その機能の向上を図るべきである」とし、女性や外国人の取締役の登用を促している。取締役会が多様になれば、機関投資家の投資マネーが呼び込みやすくなるとの狙いがある。

しかし、投資家は企業価値向上に貢献してくれる人の選任を求め

16）下山祐樹「監査等委員会設置会社における任意の指名委員会・報酬委員会等の位置づけと運用」旬刊商事法務2104号（2016・6）21頁。

ているのであり、形式主義に陥るのでは意味がない[17)]。取締役会における女性や外国人の社外取締役を含む取締役の登用が、企業業績の向上や多様性につながるのかどうかが問題である。

第3節　コーポレートガバナンス・コードにおける社外監査役

1　内部通報体制

「上場会社は、内部通報に係る体制整備の一環として、経営陣から独立した窓口の設置（例えば、社外取締役や監査役による合議体を窓口とする等）を行うべきであり、また、情報提供者の秘匿と不利益取扱の禁止に関する規律を整備すべきである」とする（補充原則2－5①)。

内部通報に係る体制整備は、違法または不法行為を早期に発見し、是正するとともに、利害関係者の利益保護や会社のリスク管理の観点から重要である。本原則は、実効性ある内部通報体制を構築するには、経営陣から独立した窓口の設置、具体的には、社外取締役や社外監査役を含む監査役による合議体を窓口とすることが重要であり、社外取締役や社外監査役を含む監査役にその役割を求めている。なお、外部の法律事務所などを通報窓口とすることも考えられる。

2　外部会計監査人

「監査役会は、少なくとも、(i)外部会計監査人候補を適切に選定

17)「企業統治　透明性高く」日本経済新聞2018年（平成30年）3月14日（水）朝刊5面（斎藤太　コメント)。

し外部会計監査人を適切に評価するための基準の策定、(ii)外部会計監査人に求められる独立性と専門性を有しているか否かについての確認、の対応を行うべきである」とする（補充原則3－2①）。

本原則は、監査役会に対して、適正な監査の確保のために、外部会計監査人を適切に選定・評価するための基準の策定および外部会計監査人の独立性と専門性の確認を求めている。

また、「取締役会及び監査役会は、少なくとも、(i)高品質な監査を可能とする十分な監査時間の確保、(ii)外部会計監査人からCEO・CFO等の経営陣幹部へのアクセス（面談等）の確保、(iii)外部会計監査人と監査役（監査役会への出席を含む）、内部監査部門や社外取締役との十分な連携の確保、(iv)外部会計監査人が不正を発見し適切な対応を求めた場合や、不備・問題点を指摘した場合の会社側の対応体制の確立、の対応を行うべきである」とされている（補充原則3－2②）。

本原則は、取締役会と監査役会（過半数は社外監査役）に対して、外部会計監査人のために、監査の品質を確保する観点から必要十分な監査時間を確保すること、会社の経営状況を把握するために経営陣幹部へのアクセス（面談等）を確保すること、会社内の問題を早期に発見し、適正な監査を行うために監査関係者の連携の確保をすること、不備・問題点の指摘があった場合の会社側の対応体制の確立、を求めている。

3　社外監査役の役割・責務

「監査役及び監査役会は、取締役の職務の執行の監査、外部会計監査人の選解任や監査報酬に係る権限の行使などの役割・責務を果たすに当たって、株主に対する受託者責任を踏まえ、独立した客観的な立場において適切な判断を行うべきである。また、監査役及び監査役会に期待される重要な役割・責務には、業務監査・会計監査をはじめとするいわば「守りの機能」があるが、こうした機能を含め、その役割・責務を十分に果たすためには、自らの守備範囲を過度に狭く捉えることは適切でなく、能動的・積極的に権限を行使し、取締役会においてあるいは経営陣に対して適切に意見を述べるべきである」とされている（原則4－4）。

本原則は、監査役（社外監査役を含む）や監査役会（過半数は社外監査役）に対して、実効的なコーポレートガバナンスの実現のために、独立した客観的な立場から、取締役の職務の執行の監査、外部会計監査人の選解任や監査報酬に係る権限の行使などの役割・責務を果たすことを期待するものである。

なお、「監査役会は、会社法により、その半数以上を社外監査役とすること及び常勤監査役を置くことの双方が求められていることを踏まえ、その役割・責務を十分に果たすとの観点から、前者に由来する強固な独立性と、後者が保有する高度な情報収集力とを有機的に組み合わせて実効性を高めるべきである。また、監査役または監査役会は、社外取締役が、その独立性に影響を受けることなく情報収集力の強化を図ることができるよう、社外取締役との連携を確保すべきである」とする（補充原則4－4①）。

強固な独立性を有する社外監査役と高度な情報収集力を有する常勤監査役との連携は、監査役の役割・責務を果たす観点から実効性を高めることはできる。一方、社外取締役が監査役または監査役会と過度に緊密な連携を行うことにより、その独立性に疑義が生じるような影響が及ぶことがないよう留意する必要がある。

4　社外監査役の資質

「監査役には、適切な経験・能力及び必要な財務・会計・法務に関する知識を有する者が選任されるべきであり、特に、財務・会計に関する十分な知見を有している者が1名以上選任されるべきである」とする（原則4－11）。

社外監査役を含む監査役が適正な監査を行うためには、その適法性や妥当性を判断することの資質が要求される。一時的に、法律や会計の外部の専門家を利用しても、経営サイドの助言となりがちである。やはり、恒常的に、法律や会計の専門家が監査することが望ましい。特に、社外監査役の場合、一定の資格を有していることが選任の理由になることが多いので、この原則に該当しないことは少ないと思われるが、その資格に基づいて役割分担されたときは、義務違反があると判断されることもあり得るので責任は重い。

5　情報入手と支援体制

「取締役・監査役は、その役割・責務を実効的に果たすために、能動的に情報を入手すべきであり、必要に応じ、会社に対して追加の情報提供を求めるべきである。また、上場会社は、人員面を含む取締役・監査役の支援体制を整えるべきである。取締役会・監査役会は、各取締役・監査役が求める情報の円滑な提供が確保されているかどうかを確認すべきである」とする（原則4－13）。

また、「社外監査役を含む監査役は、法令に基づく調査権限を行使することを含め、適切に情報入手を行うべきである」（補充原則4－13①）。「取締役・監査役は、必要と考える場合には、会社の費用において外部の専門家の助言を得ることも考慮すべきである」（補充原則4－13②）。

さらに、「上場会社は、内部監査部門と取締役・監査役との連携を確保すべきである。また、上場会社は、例えば、社外取締役・社外監査役の指示を受けて会社の情報を適確に提供できるよう社内との連絡・調整にあたる者の選任など、社外取締役や社外監査役に必要な情報を適確に提供するための工夫を行うべきである」とする(補助原則4－13③)。

社外監査役を含む監査役は取締役とともに、その役割・責務を実効的に果たすためには、積極的に情報を入手し、また、取締役・監査役に対して、情報提供のための人員面を含めた支援体制が十分整備されることが重要である。さらに、必要に応じて外部の専門家の助言を得ることは有益である。

また、本原則は、内部監査部門と取締役・監査役との連携を確保するとともに、社外取締役や社外監査役に必要な情報を適確に提供するために、社内との連絡・調整に当たる者の選任など、的確な情報提供を確保するための措置を求めている。

このようにコーポレートガバナンス・コードは、強固な独立性を有する社外監査役と高度な情報収集力を有する常勤監査役、社外取締役を含む取締役、外部会計監査人、内部監査部門などとの連携を確保し、実効性あるコーポレートガバナンスを求めている。社外監査役を含む監査役は、適法性を中心に監査する独任制の機関であることが会社法において規定され、コーポレートガバナンス・コードにおいては、会社の持続的な成長と企業価値の向上のために貢献する「攻めのガバナンス」の一翼を担うことが期待されている存在であることは間違いない。

第5章

改正会社法における
取締役等に関する規律の見直し

2019年1月16日、法制審議会会社法制（企業統治等関係）部会において、「会社法制（企業統治等関係）の見直し関する要綱案」がとりまとめられた。さらに、2019年2月14日の法制審議会総会において要綱案が採択され、改正会社法の要綱として、直ちに、法務大臣に答申することとされた。そして、臨時国会に会社法改正案として提出され、2019年12月4日に改正会社法が成立した。

なかでも、「取締役等に関する規律の見直し」として、「取締役等への適切なインセンティブの付与」と「社外取締役の活用等」についての改正がされた。「取締役等への適切なインセンティブの付与」として、「取締役の報酬等」、「補償契約」、「役員等のために締結される保険契約」に関する規定がされた。また、「社外取締役の活用等」としては、「業務執行の社外取締役への委託」、「社外取締役を置くことの義務付け」に関して規定された。

第1節　取締役の報酬等

1 概　要

改正会社法において、「取締役の報酬等」に関する規律の見直しとして、①取締役の報酬等の決定方針、②金銭でない報酬等に係る株主総会の決議による定め、③取締役の報酬等である株式および新株予約権に関する特則、について改正がされた。

株式会社（指名委員会等設置会社を除く）においては、取締役または取締役会によるお手盛りを防止するため、定款または株主総会決議によって、社外取締役を含む取締役の報酬等の額が定められている（会社361条1項）。取締役（監査等委員である取締役を除く）の報酬等については、株主総会の決議によって、その全員の報酬等の総額の最高限度のみを定めて、その範囲内で、各取締役に対する配分の決定を取締役会に委任することができる。また、その最高限度額を変更するまでは、新たな株主総会の決議を必要としない。

しかし、取締役の報酬等を、適切な職務執行のためのインセンティブとして適切に機能するような見直しが必要ではないかという指摘や、取締役に対して適切なインセンティブを付与するために、報酬等として株式交付や業績連動報酬（株式会社の業績等に連動させる報酬）などの重要性が指摘されていた。このようなインセンティブ報酬を付与する場合に、会社法における取締役の報酬等に関する規律の運用が必ずしも明確ではないことから、「取締役の報酬等」に関する規律の見直しの改正がされた。

2　取締役の報酬等の決定方針

「取締役の報酬等の決定方針」については、次のように改正がされた。

> 取締役の報酬等（会社法第361条第1項に規定する報酬等をいう）の内容に係る決定に関する方針として法務省令で定める事項（以下において「報酬等の決定方針」という）を定めた場合には、会社法第361条第1項各号に掲げる事項を定め、またはこれを改定する議案を株主総会に提出した取締役は、その株主総会において、報酬等の決定方針の内容の概要およびその議案がその報酬等の決定方針に沿うものである理由を説明しなければならない（会社361条4項）。
>
> また、監査役会設置会社（公開会社であり、かつ、大会社であるものに限る）であって、金融商品取引法第24条第1項の規定によりその発行する株式について有価証券報告書を内閣総理大臣に提出しなければならないものおよび監査等委員会設置会社の取締役会は、取締役（監査等委員である取締役を除く）の報酬等の内容として、定款または株主総会決議による定めがある場合には、その定めに基づく取締役の個人別の報酬等の内容についての決定に関する方針として法務省令に定める事項を決定しなければならない。ただし、取締役の個人別の報酬等の内容が、定款または株主総会決議により定められているときは、この限りではない（会社361条7項）。

株式会社において、社外取締役を含む取締役の報酬等の内容に係る決定に関する方針（各取締役の報酬等についての報酬等の種類ごとの比率に係る決定の方針、業績連動報酬等の有無およびその内容に係る決定の方針、各取締役の報酬等の内容に係る決定の方法の方針等）を定め、または改定する取締役の報酬等に関する議案を株主総会に提出した取締役は、その株主総会において、その方針とその議案との関係を説明しなければならないものとする。

また、会社法においては、指名委員会等設置会社の報酬委員会は、取締役、執行役、会計参与が受ける個人別の報酬等の内容に係る決定に関する方針を定め、それに従い個人別の額、具体的な算定方法および金銭でない場合の個人別の具体的な内容を決定しなければならない（会社404条3項・409条）。しかし、「取締役の報酬等の決定方針」を定める義務がある指名委員会等設置会社以外の株式会社にまで定める義務を求める改正がされた。

監査役会設置会社（公開会社で大会社に限る）および監査等委員会設置会社の取締役会は、取締役の報酬等の決定方針の決定もしくは改定するときには、株主に対して、取締役の報酬等の必要性および合理性を説明する義務を求められている。

3　金銭でない報酬等に係る株主総会の決議による定め

「金銭でない報酬等に係る株主総会の決議による定め」については、次のように改正がされた。

(a)報酬等のうちその株式会社の募集株式または募集新株予約権については、その数の上限その他法務省令で定める事項、(b)報酬等のうちその株式会社の募集株式または募集新株予約権と引換えにする払込みに充てるための金銭については、取締役が引き受ける募集株式または募集新株予約権の数の上限その他法務省令で定める事項、(c)報酬等のうち金銭でないもの（その株式会社の募集株式および募集新株予約権を除く）については、その具体的な内容を、定款にその事項を定めていないときは、株主総会の普通決議により定められる（会社361条1項3号〜6号）。

社外取締役を含む取締役の報酬等のうち金銭でないもの、具体的には、その株式会社の募集株式または募集新株予約権を報酬等とする場合、定款にその事項を定めていないときは、株主総会の決議により、募集株式については、その株式の数（株式の種類および種類ごとの数）の上限およびその株式の交付の条件、募集新株予約権については、その募集新株予約権の数の上限および内容を定めるものとする。

つまり、社外取締役を含む取締役の報酬等のうち株式報酬や新株予約権報酬を行うときには、既存株主の持株比率が低下するだけでなく、希釈化による損失が生ずる可能性がある。したがって、株主総会で株主の判断を受けることが適切であることから、株式や新株予約権の具体的な内容を明らかにし、それらの報酬等についての株主総会での決議事項の明確化を求めるものである。

4　取締役の報酬等である株式および新株予約権に関する特則

「取締役の報酬等である株式および新株予約権に関する特則」については、次のように改正された。

金融商品取引法第2条第16項に規定する金融商品取引所に上場されている株式を発行している株式会社（以下、「上場会社」という）は、定款または株主総会の決議による報酬等のうち募集株式についての定めに従いその発行する株式またはその処分する自己株式を引き受ける者の募集をするときは、その上場会社は、募集株式について次に掲げる事項を定めなければならない（会社202条の2第1項）。

(a)取締役の報酬等としてその募集に係る株式の発行または自己株式の処分をするものであり、募集株式と引換えにする金銭の払込みまたは金銭以外の財産の給付を要しない旨

(b)募集株式を割り当てる日（以下、「割当日」という）

また、上場会社は、定款または株主総会の決議による報酬等のうち募集新株予約権についての定めに従い新株予約権を発行するときは、その上場会社は、次に掲げる事項をその新株予約権の内容としなければならない（会社236条第3項）。

(a)取締役の報酬等としてまたは取締役の報酬等をもってする払込みと引換えにその新株予約権を発行するものであり、その新株予約権の行使に際してする金銭の払込みまたは金銭以外の財産の給付を要しない旨

(b)定款または株主総会の決議による報酬等のうち募集新株予約権についての定めに係る取締役（取締役であった者を含む）以外の者は、その新株予約権を行使することができない旨

さらに、定款または株主総会の決議による報酬のうち募集株式、募集新株予約権についての定めまたは報酬委員会による報酬のうち募集株式、募集新株予約権についての決定に基づく株式の発行により資本金または準備金として計上すべき額については、法務省令で定めるものとする（会社445条6項）。

上場会社の社外取締役を含む取締役へ適切なインセンティブを与えるという観点から、株式報酬や新株予約権報酬が注目されている。改正会社法において、取締役（取締役であった者を含む）のみに対して、現物出資の方法によらず、金銭の払込みを要しないで株式

や新株予約権を報酬等として交付することができるものとした。また、新株予約権をストックオプションとして交付する場合には、新株予約権の行使に際し、取締役（取締役であった者を含む）のみに対して、財産の出資を要しないことができるとするものである。株式を交付する報酬制度が広がっていることや、行使に際する出資を要しない新株予約権の交付が行われていることなどから、このような改正がされている。

なお、法制審議会会社法制（企業統治等関係）部会においては、交付される株式や新株予約権については議決権の有無などの違いがあることや、このような見直しが実質的に取締役による労務出資を認めることとなること、無償で取締役が議決権を取得することによる不当な経営者支配を助長するおそれがあることなどの問題点の指摘があった[18)]。

5　コーポレートガバナンス・コードにおける取締役の報酬等

(1)　コーポレートガバナンス・コードの趣旨

コーポレートガバナンス・コード（原則3－1(i)～(iii)）において、「上場会社は、法令に基づく開示を適切に行うことに加え、会社の意思決定の透明性・公正性を確保し、実効的なコーポレートガバナンスを実現するとの観点から、(i)会社の目指すところ（経営理念等）や経営戦略、経営計画、(ii)本コードのそれぞれの原則を踏まえた、コーポレートガバナンスに関する基本的な考え方と基本方針、(iii)取締役会が経営陣幹部・取締役の報酬を決定するに当たっての方針と手続について開示し、主体的な情報発信を行うべきである」とする。

18）法務省民事局参事官室「会社法制（企業統治等関係）の見直しに関する中間試案の補足説明」(2018年（平成30年）2月14日）28頁。

つまり、経営理念を踏まえた経営戦略や経営計画は、上場会社の具体的な経営方針や考え方を定めたものである。これにより業績等の評価がされることから、経営陣幹部・取締役の報酬を決定するに当たってのベースとなるものであり、コーポレートガバナンス事業報告書において、取締役会が、会社の方針・考え方、それに基づいた経営陣幹部・取締役の報酬を決定するに当たって、報酬決定のプロセス、報酬の総額や種類（固定報酬・業績連動報酬・株式報酬・賞与等の構成、役員退職慰労金の有無・内容等）、業績連動の指標などの方針と手続について開示しなければならない。

また、「取締役会は、経営陣幹部による適切なリスクテイクを支える環境整備を行うことを主要な役割・責務の一つと捉え、経営陣からの健全な企業家精神に基づく提案を歓迎しつつ、説明責任の確保に向けて、そうした提案について独立した客観的な立場において多角的かつ十分な検討を行うとともに、承認した提案が実行される際には、経営陣幹部の迅速・果断な意思決定を支援すべきである。また、経営陣の報酬については、中長期的な会社の業績や潜在的リスクを反映させ、健全な企業家精神の発揮に資するようなインセンティブ付けを行うべきである（原則4－2）」とする。

さらに、「取締役会は、経営陣の報酬が持続的な成長に向けた健全なインセンティブとして機能するよう、客観性・透明性ある手続に従い、報酬制度を設計し、具体的な報酬額を決定すべきである。その際、中長期的な業績と連動する報酬の割合や、現金報酬と自社株報酬との割合を適切に設定すべきである（補充原則4－2①）」とする。

わが国の経営陣の報酬は、固定報酬の割合が高く、中長期的な業績と連動する持続的な成長に向けたインセンティブとして機能していないといわれている。業績連動報酬や自社株報酬をどのような割合とすべきなのか、業績に連動させるとしても、どのような経営指標に連動させるのが望ましいのか、経営方針と整合する報酬体系となっているのか、短期志向や過度のリスクテイクまたは過小投資などの不適切な設計となっていないか、日本の企業文化に馴染むかどうかなどを検証する必要がある[19)]。

なお、業績連動報酬や現金報酬と自社株報酬との割合を、具体的にどのように設定するかは各社の状況に応じて合理的に設定する必要がある。ただし、社外取締役や社外監査役を含む監査役は直接業務執行に関与していないことから、インセンティブ報酬とすべきかどうかについては、見解が分かれるところであり検討を要する。

役員報酬に業績、株価や資本効率を連動する報酬を組み合わせることが、株主や投資家に対して説明しやすくコーポレートガバナンス・コードの趣旨に沿った報酬制度であるといえる。しかし、コーポレートガバナンス・コードはプリンシプルベース・アプローチ（原則主義）であることから、コーポレートガバナンス・コードの適用の仕方は、それぞれの会社が工夫すべきものであり、会社の自主性や創意工夫を尊重し、会社の実情にあったものでなければならない。

また、「上場会社が監査役会設置会社または監査等委員会設置会社であって、独立社外取締役が取締役会の過半数に達していない場合には、経営陣幹部・取締役の指名・報酬などに係る取締役会の機能の独立性・客観性と説明責任を強化するため、取締役会の下に独立社外取締役を主要な構成員とする任意の指名委員会・報酬委員会など、独立した諮問委員会を設置することにより、指名・報酬などの特に重要な事項に関する検討に当たり独立社外取締役の適切な関与・助言を得るべきである（補充原則4－10①）」とする。

このような独立社外取締役を主要な構成員とする任意の諮問委員

19）中村直人・倉橋雄作『コーポレートガバナンス・コードの読み方・考え方（第2版）』（商事法務・2018）143頁。

会は、コーポレートガバナンス上の重要なテーマとして認識されている。

(2) 取締役に対する適切なインセンティブ報酬制度

コーポレートガバナンス・コード（補充原則4－2①）において、「取締役会は、経営陣の報酬が持続的な成長に向けた健全なインセンティブとして機能するよう、客観性・透明性ある手続に従い、報酬制度を設計し、具体的な報酬額を決定すべきである。その際、中長期的な業績と連動する報酬の割合や、現金報酬と自社株報酬との割合を適切に設定すべきである」とする。

中長期的な業績と連動する報酬とは、3年以上の期間の業績や株価に連動して報酬内容が決定される報酬をいう。賞与のように単年度の短い期間の業績と連動させて決定される短期業績連動報酬とは区別される。

また、取締役の報酬として、現金報酬と自社株報酬が挙げられている。現金報酬は、業績指標に連動するものと、株価に連動するものに分けられる。自社株報酬には、①新株予約権を報酬として交付するストックオプション、②報酬相当額を信託に拠出し、信託がその資金を原資に自社株式を取得して、一定期間経過後に役員にその株式を交付する株式交付信託、③一定期間の譲渡制限が付与された現物自社株式を役員に付与することにより、譲渡制限が解除されるまでその株式を譲渡することができないため、中長期的に株価が向上するリストリクテッド・ストック、④中長期的な業績目標達成度合に応じて現物自社株式を役員に付与するパフォーマンス・シェア、などがある。いずれも役員報酬額を自社株式の株価に連動させ、株価を向上させるインセンティブを付与する方式である。なお、③と④は、欧米では一般的に利用されているが、日本ではあまり採用されていない。今後、採用する企業が増えるものと思われる。

日本企業の役員報酬は、固定金銭報酬が大部分を占め、欧米の企業に比べ中長期業績連動報酬の割合が低いといわれている。このような業績連動性の低すぎる報酬体系は、「経営リスクをとらず事なかれ主義に徹して任期を全うする」という印象を株主や機関投資家に対して与えかねない[20)]。

一方、欧米のインセンティブ報酬は、経営陣に過度なリスクテイクを行うインセンティブとして機能している可能性がある。欧米のコーポレートガバナンス・コードは、経営陣に過度なリスクテイクを抑止する方向でなされているのに対し、わが国のコーポレートガバナンス・コードは、経営陣による適切なリスクテイクを推奨する方向となっている[21)]。

インセンティブ報酬が、強引な経営や粉飾決算とならないように、健全なリスクテイクを促すことを目的として機能させるためには、何に連動させるべきか。それぞれの会社の実情にあわせて、会社自身が創意工夫すべきものである。コーポレートガバナンス・コードは、役員報酬をインセンティブとして機能させるために、業績目標達成度合を客観的に評価し、役員報酬に適正に反映させる仕組みを設計することを求めているといえる。

また、税制においても、2017年度税制改正において、利益や株価等に連動する給与として、包括的な業績連動給与の概念が創設され（法税34条5項）、①定期同額給与（法税34条1項1号）、②事前確定届出給与（法税34条1項2号）、③一定の要件を満たす業績連動給与（法税34条1項3号）に該当すれば損金算入が可能とされた。これまで硬直的であった役員報酬税制について、損金算入可能な中長期業

20）内ケ崎茂・山口敦子「役員報酬改革の潮流と課題――コーポレートガバナンス・コードの実践」信託フォーラム4号（2015・9）47頁。
21）樋口 達・山内宏光『コーポレートガバナンス・コードが求める取締役会のあり方』（商事法務・2016）43頁。

績連動報酬や株式報酬を拡大する方向で大きく方針変更がされた[22)]。

さらに、2019年度税制改正において、法人の支給する役員給与における業績連動給与の手続に係る要件について、次のように見直しが行われた。報酬委員会および報酬諮問委員会（以下「報酬委員会等」という。）における決定等の手続について、報酬委員会等を設置する法人の業務執行役員が報酬委員会等の委員でないこととの要件を除外するとともに、業務執行役員が自己の業績連動給与の決定等に係る決議に参加していないこととの要件を加え、報酬委員会等の委員の過半数が独立社外取締役であることおよび委員である独立社外取締役の全てが業績連動給与の決定に賛成していることとの要件を加えた。さらに、監査役会設置会社における監査役の過半数が適正書面を提出した場合の取締役会の決定および監査等委員会設置会社における監査等委員の過半数が賛成している場合の取締役会の決定の手続を除外する（法税34条1項3号）。

6　まとめ

社外取締役を含む取締役に適切なインセンティブを与えることでリスクテイクを促し、その成果をチェックする仕組みを作ることは、コーポレートガバナンスにおいて重要なことであり、株式報酬や業績連動報酬といったインセンティブ報酬は、中長期的な企業価値の向上に向けた効果的手段である。

改正会社法における「取締役の報酬等」に関する規律の見直しは、株主総会の議案の内容や理由説明、報酬等の決定プロセス等の改善強化につながるものであり、コーポレートガバナンス改革の観点か

22）石綿学・酒井真・渡辺邦広・梶元孝太郎「中長期業績連動報酬・株式報酬の新展開――平成29年度税制改正後の役員報酬の枠組み」旬刊商事法務2134号（2017・5）4頁。

ら注目すべきものである。

なお、インセンティブ報酬は、業績や株価の変動に応じて取締役の報酬が変化するため、中長期的な企業価値変動にもつながることから、役員報酬体系の設計は、経営の基本方針に沿って取締役に対して適切なインセンティブを付与することにつなげなければならない。それによって役員のリスクテイクに対するインセンティブ向上の効果が期待できる。

重要なことは、役員報酬の決定プロセスが透明化されることであり、役員報酬の決定方針や個別報酬、インセンティブ報酬の内容を開示することである。もちろん、単純に、欧米企業の役員報酬制度を取り入れるのではなく、株式報酬や業績連動報酬といったインセンティブ報酬の新しい仕組みを導入するためには、会社ごとに相応しい役員報酬制度の見直しを検討する必要がある。

第2節　会社補償と役員等賠償責任保険（D&O保険）

改正会社法において、「会社補償」と「役員等賠償責任保険（D&O保険）」に関する規定が新設された。これらの規定については、役員等（社外取締役を含む取締役、会計参与、社外監査役を含む監査役、執行役、会計監査人）が、その職務の執行に伴い損害賠償の責任を負うことを過度に恐れることにより、その職務の執行が萎縮するおそれがある。そこで、役員等に対して適切なインセンティブを付与し、役員等として優秀な人材を確保するという意義が認められることから導入された。

改正前会社法において、会社補償や役員等賠償責任保険に関する明文規定は存在しなかった。そこで、会社補償に係る契約や役員等賠償責任保険契約の締結により生ずることが懸念される課題に対処するとともに、会社補償に係る契約や役員等賠償責任保険契約の締結を株式会社がすることができる範囲や手続等を明確にし、会社補償に係る契約や役員等賠償責任保険契約が適切に運用されるように会社法に新設されることとなった。

1　会社補償

(1) 概　要

改正前会社法において、会社補償に関する規定は存在しなかった。どのような範囲において、どのような手続により、会社補償をすることができるかについての解釈は確立されていなかった。

役員等が第三者から責任の追及に係る請求を受けた場合には、役員等が適切な防御活動を行うことができるように、それに要する費用を株式会社が負担することが、会社の損害の拡大の抑止に資するという指摘がされていた。

ただし、会社補償が認められる範囲によっては、役員等の職務の適正性が損なわれ、役員等の責任や罰則等を定める規定の趣旨が損なわれたりするおそれがあるという懸念や、構造上、株式会社との利益が相反するという問題があった。

法制審議会会社法制（企業統治等関係）部会においては、一定の範囲で会社補償が認められるという解釈があることなどを理由として、会社補償に関する規定を設ける必要はなく、このような規定は設けるべきではないという指摘が企業実務家からされた。

しかし、会社法上、株式会社と取締役間の会社補償に関する契約の締結は直接取引（会社356条1項2号）として利益相反取引に該当することとなるため、会社補償に関する規定を設け、その契約については利益相反取引規制を適用しないものとしたうえで、それに代わる適切な規定を設ける必要があるという指摘や、会社法の解釈上の疑義を払拭し法的安定性を高めるため、会社補償に関する規定を設けるべきであるという指摘、会社補償に関する規定を設けることにより、会社法上認められない範囲についても新たに会社補償を認めることができるようになるという指摘など、会社補償に関する規定を設けるべきであるという指摘も多く出された[23)]。そこで、会社法に会社補償に関する規定を新設する改正がなされることとなった。

(2)　補償契約

会社補償に関する規定の新設については、改正会社法において、次のように規定された。

> 株式会社が、役員等に対して次に掲げる費用等の全部または一部をその株式会社が補償することを約する契約（以下、「補償契約」という）の内容の決定をするには、株主総会（取締役会設置会社にあっては、取締役会）の決議によらなければならない（会社430条の2第1項）。
>
> (a)　その役員等が、その職務の執行に関し、法令の規定に違反したことが疑われ、または責任の追及に係る請求を受けたことに対処するために支出する費用
>
> (b)　その役員等が、その職務の執行に関し、第三者に生じた損害を賠償する責任を負う場合における次に掲げる損失
>
> イ　その損害をその役員等が賠償することにより生ずる損失
>
> ロ　その損害の賠償に関する紛争について当事者間に和解が成立したときは、その役員等がその和解に基づく金銭を支払うことにより生ずる損失
>
> また、株式会社は、補償契約を締結している場合であっても、その補償契約に基づき、次に掲げる費用等を補償することがで

23）法務省民事局参事官室、前掲注18)、31頁。

きない（会社430条の2第2項）。

(a)　その役員等が、請求を受けたことに対処するために支出する費用のうち通常要する費用の額を超える部分

(b)　その株式会社が損害を賠償するとすればその役員等がその株式会社に対して損害賠償責任を負う場合には、損失のうちその責任に係る部分

(c)　役員等がその職務を行うにつき悪意または重大な過失があったことにより損害賠償責任を負う場合には、損失の全部

さらに、補償契約に基づきその役員等が、請求を受けたことに対処するために支出する費用を補償した株式会社が、その役員等が自己もしくは第三者の不正な利益を図り、またはその株式会社に損害を加える目的で職務を執行したことを知ったときは、その役員等に対し、補償した金額に相当する金銭を返還することを請求することができる（会社430条の2第3項）。

なお、取締役会設置会社においては、補償契約に基づく補償をした取締役およびその補償を受けた取締役は、遅滞なく、その補償についての重要な事実を取締役会に報告しなければならない（会社430条の2第4項）。

ただし、競業取引や利益相反取引規制の規定は、株式会社と取締役または執行役との間の補償契約については適用しない（会社430条の2第6項）。さらに、自己契約および双方代理の規定は、株主総会（取締役会設置会社にあっては、取締役会）の決議によってその内容が定められた補償契約の締結については適用しない（会社430条の2第7項）。

役員等（取締役、会計参与、監査役、執行役または会計監査人）が、その職務の執行に関し、法令の規定に違反したことが疑われ、または責任の追及に係る請求を受けたことにより要する費用（いわゆる

防御費用）、および第三者に生じた損害を賠償する責任を負う場合において、善意でかつ重大な過失がないときの一定の損失（損害賠償金および和解金）について、株式会社は、その全部または一部を株式会社が補償することを約する補償契約の内容の決定をするには、株主総会（取締役会設置会社にあっては、取締役会）の決議によらなければならず、取締役会設置会社においては、取締役会は、この決定については、取締役または執行役に委任することができないものとする。

これは、補償契約の内容が役員等の職務の適正性に影響を与えることから、補償契約の内容の決定機関は、株主総会（取締役会設置会社にあっては、取締役会）とすることが相当であるものとしている。

また、役員等が受けた損害を無制限に株式会社が補償することができることを内容とする補償契約とすると、役員等の職務の適正性が損なわれ、役員等の責任や刑罰等を定める規定の趣旨が損なわれるおそれがある。そのため、防御費用や損害賠償金および和解金などの損失に限って補償することとしている。

なお、役員等が、その職務の執行に関し、法令の規定に違反したことが疑われることとなった場合や、責任の追及に係る請求を受けた場合に要する費用について、役員等が第三者から責任の追及に係る請求を受けた場合には、役員等に悪意または重大な過失が認められるおそれがあるときであっても、役員等が適切な活動を行うことができるように、これに要する費用を株式会社が補償することとしている。これは、株式会社の損害の拡大を抑止し、株式会社の利益にもなることもあるという理由からである。

ただし、役員等が、その職務を行うについて第三者に加えた損害を賠償する責任を負う場合においては、善意無重過失の場合のみ、その損失を株式会社が補償する対象としている。これは、悪意重過失の場合も補償の対象としてしまうと、職務の適正性を害するからである。

さらに、株式会社が第三者に対して損害を賠償する責任を負う場合において、株式会社が第三者に対して損害賠償をしたときに、役員等に対して任務懈怠責任に基づき求償することができる部分については補償の対象から除外するものとしている。役員等が株式会社に対して任務懈怠責任を負うときは、その責任に係る部分を株式会社が補償することは、株式会社に対する責任を免除することと同じことであるから、このような損失を株式会社が補償することは対象外としている。なお、役員等が納付しなければならない罰金や課徴金についても対象としていない。

ただし、補償契約に基づき防御費用を補償した株式会社が、その役員等が自己もしくは第三者の不正な利益を図りまたはその株式会社に損害を加える目的で職務を執行したことを知ったときは、その役員等に対し、補償した金額に相当する金銭を返還することを請求することができるものとする。

なお、取締役会設置会社においては、補償契約に基づく補償をした取締役およびその補償を受けた取締役は、遅滞なく、その補償についての重要な事実を取締役会に報告しなければならないものとする。

また、株式会社と取締役または執行役との間の補償契約については、競業取引や利益相反取引規制を適用しないものとする。これは、会社法上、取締役または執行役との間の補償契約の締結および補償契約に基づく補償は、取締役または執行役と株式会社との間の取引であり、利益相反取引に該当する場合がある。

しかし、補償契約の内容の決定は、株主総会（取締役会設置会社にあっては、取締役会）の決議によらなければならないものとされ、補償契約を締結することにより役員等の職務の執行が萎縮する懸念もあることから、厳格な規制を適用することは相当でないとも考えられる。そこで、株式会社と取締役または執行役との間の補償契約については競業取引および利益相反取引規制を適用しないものとしている。

2　役員等賠償責任保険

(1) 概　要

役員等賠償責任保険（D&O保険）は、既に我が国においても上場会社を中心に広く普及しているという指摘がされていたが、改正前会社法においては、株式会社が役員等賠償責任保険契約を締結することに関する規定はなく、株式会社が役員等賠償責任保険契約を締結するためにどのような手続等が必要であるかについての解釈は必ずしも確立されていなかった。

株式会社が役員等賠償責任保険契約を締結することについては、その内容によっては、役員等の職務の適正性が損なわれるおそれがあるという懸念や、取締役の株式会社に対する損害賠償責任をも塡補の対象とする役員等賠償責任保険契約を株式会社が締結することについては、株式会社と取締役との間の利益相反性が顕著であるという問題もある。

法制審議会会社法制（企業統治等関係）部会においては、役員等賠償責任保険の運用は、既に実務上定着しているため、新たに役員等賠償責任保険契約に関する規定を設ける必要性は乏しく、そのような規定を設けるべきでないという指摘が企業実務家からされた。

しかし、会社法上、役員等賠償責任保険契約の中には、その締結が間接取引（会社356条1項3号）に該当することとなると思われるものもあるため、役員等賠償責任保険契約に関する規定を設け、その契約については利益相反取引規制を適用しないものとしたうえで、それに代わる適切な規定を設ける必要があるという指摘や、会社法の解釈上の疑義を払拭し法的安定性を高めるため、役員等賠償責任保険契約に関する規定を設けるべきであるという指摘もされた[24)]。そこで、会社法に役員等賠償責任保険契約に関する規定を新設する改正がされることとなった。

⑵　役員等のために締結される保険契約

役員等賠償責任保険契約に関する規定の新設については、改正会社法において、次のように規定された。

株式会社が、保険者との間で締結する保険契約のうち、役員等がその職務の執行に関し責任を負うこと、またはその責任の追及に係る請求を受けることによって生ずる損害を保険者が塡補することを約するものであって、役員等を被保険者とするもの（その保険契約を締結することにより被保険者である役員等の職務の執行の適正性が著しく損なわれるおそれがないものとして法務省令で定めるものを除く。以下、「役員等賠償責任保険契約」という）の内容の決定をするには、株主総会（取締役会設置会社にあっては、取締役会）の決議によらなければならない（会社430条の3第1項）。

また、競業取引や利益相反取引規制の規定は、株式会社が保険者との間で締結する保険契約のうち役員等がその職務の執行に関し責任を負うこと、またはその責任の追及に係る請求を受けることによって生ずることのある損害を保険者が塡補することを約するものであって、取締役または執行役を被保険者とするものの締結については適用しない（会社430条の3第2項）。

なお、自己契約および双方代理の規定は、保険契約の締結については適用しない。ただし、その契約が役員等賠償責任保険契約である場合には、株主総会（取締役会設置会社にあっては、取締役会）の決議によってその内容が定められたときに限る（会社430条の3第3項）。

役員等賠償責任保険契約とは、役員等を被保険者とする損害保険契約であって、被保険者が、その職務の執行に関し会社法その他の法令の規定による責任を負うこと、またはその責任の追及に係る請求を受けることによって生ずる損害を塡補することを約する保険契約をいう。

役員等賠償責任保険契約の内容の決定は、株主総会（取締役会設置会社にあっては、取締役会）の決議によらなければならず、取締役会設置会社においては、取締役会は、この決定について取締役または執行役に委任することができない。

これは、役員等賠償責任保険契約は利益相反性が高く、役員等賠償責任保険契約の内容が役員等の職務の適正性に影響を与えるおそれがあることから、役員等賠償責任保険契約の内容の決定機関は、株主総会（取締役会設置会社にあっては、取締役会）とすることが相当である。

したがって、株式会社と取締役または執行役との間の役員等賠償責任保険契約については、取締役または執行役を被保険者とし、取締役または執行役が受けた損害を株式会社が補償することによって生ずる損害を塡補するものについて、会社補償に関する契約の場合同様、競業取引および利益相反取引規制を適用しないものとしている。

なお、役員等のために締結される保険契約であって、株式会社を被保険者とする保険契約については、株式会社による補償について適切な規律が適用されるとすれば、役員等賠償責任保険契約に関する規律を適用する対象には含めないこととしている。

24）法務省民事局参事官室、前掲注18）、36頁・37頁。

3 会社補償制度と役員等賠償責任保険契約の相互補完関係

会社補償制度と役員等賠償責任保険契約は重複するところもあるが、相互補完関係もある。役員等賠償責任保険契約では補償の対象外となる部分でも、会社補償制度で救済される場合もある。たとえば、役員等賠償責任保険は、保険契約上、免責事由や免責金額、支払限度額などが定められることから、通常、損害や費用の全額を塡補することはできないのに対し、会社補償は、一定の要件を充足する限り全額を補償することも可能である。

一方、会社による役員等への損害賠償請求は、会社補償では対応できない。たとえ役員等賠償責任保険契約で、会社訴訟を補償する保険約款を採用することができるとしても、会社が役員等を訴えているのに、会社で契約している役員等賠償責任保険で役員等が保険金を受け取れることに抵抗を感じるであろう[25)]。この点については、今後、利益相反や公序の観点から検討を要するが、損害賠償請求の補償で漏れた部分を一方がカバーすることにより、役員等の経済的負担を軽減し、結果的に会社の利益になることもあるので、会社補償制度と役員等賠償責任保険契約の相互補完関係を構築することは重要である。

4 まとめ

改正前会社法において、会社補償に関する規定や、株式会社が役員等賠償責任保険契約を締結することに関する規定がないため、役員個人の防御費用や損害賠償金、和解金などの取扱いに関して、不

25）山越誠司「D&O保険と会社補償制度の相互補完」旬刊商事法務2168号（2018・6）38頁。

明瞭な面が多かった。

しかし、2015年7月24日、経済産業省より「コーポレート・ガバナンス・システムの在り方に関する研究会」報告書が公表され、その中の「法的論点に関する解釈指針」において、①取締役会の承認、②社外取締役の過半数の構成員である任意の委員会の同意または社外取締役全員の同意を得ることという手続により、株式会社が損害賠償責任額や争訟費用を補償することや、役員等賠償責任保険の保険料負担に関して、従来は役員等の個人負担部分があったものを、株式会社が全額負担できることが認められるとされた[26)]。

さらに、2016年2月24日に、国税庁も、会社法上の適正な手続を経た場合には、会社が役員等賠償責任保険に係る保険料を全額負担したとしても、役員等に対する経済的利益の供与はなく、役員個人に対する給与課税を行う必要はないことを公表した[27)]。

しかし、会社補償や役員等賠償責任保険契約の課題に対処し、その範囲や手続等を明確化して適切に運用されるよう、これらに関する規定を会社法に新設することは有用である。

なお、「会社補償」に関しては、主観的な要件による制限を防御費用の会社補償に設けるものとするかどうかが問題となった。会社補償は訴訟等の進行過程において必要となる可能性が高いにもかかわらず、会社補償が必要となる時点においては、その事案が悪意または重過失がある場合に該当するかどうかを判断することは通常難しい。

そこで、主観的な要件による制限を設けるものとすること、すなわち、その職務の執行が自己もしくは第三者の不正な利益を図りま

26）コーポレート・ガバナンス・システムの在り方に関する研究会「コーポレート・ガバナンスの実践〜企業価値向上に向けたインセンティブと改革〜」（2015年7月24日）別紙3「法的論点に関する解釈指針」8頁-12頁。
27）国税庁「新たな会社役員賠償責任保険の保険料の税務上の取扱いについて（情報）」（2016年2月24日）（個人課税課情報第2号、法人課税課情報第1号）

たはその株式会社に損害を加えることを目的とする場合[28)]については補償をすることができないものとなった。

第3節　社外取締役の活用等

1 概　要

改正会社法において、「社外取締役の活用等」として、①業務執行の社外取締役への委託、②社外取締役を置くことの義務付け、について改正がされた。

「業務執行の社外取締役への委託」については、会社法上、社外取締役が会社の業務執行をした場合には、社外取締役の要件を満たさないこととなるので、社外取締役が行っている活動が業務執行に該当するかどうかについて、明確化を図る必要があるとの指摘があり、一定の場合には委託することができるものとする改正がされた。

また、「社外取締役を置くことの義務付け」については、2015年5月1日から施行された改正会社法において、社外取締役を導入しない企業に、株主総会での理由説明を義務付ける（改正前会社327条の2）ことにより社外取締役設置の義務化は見送られた。そして、改正会社法施行（2015年5月1日）後2年を経過した場合において、社会情勢の変化等を勘案し、社外取締役の設置の義務化をするかどうかを見直すものとされた（改正会社法附則25条）。

28）法制審議会会社法制（企業統治等関係）部会「取締役等に関する規律の見直しについての個別論点の検討（部会資料20）」（平成30年5月23日）10頁。

しかし、社外取締役を置くことが相当でない理由を説明することは至難の業であり、実質的には義務化といえるものとなった。ただし、事業内容に必ずしも精通していない社外取締役に社内役員と同様の役割を求めるのは過重な負担となり、無理に社外取締役を導入すると取締役会の機能を低下させるおそれがあるため、社外取締役を導入しないこととしている旨を説明することも可能であった[29)]。

そもそもコンプライ・オア・エクスプレイン・ルールの制定は、法律による社外取締役設置の義務付けを断念する形で行われたものであり、上場会社は社外取締役を選任せざるを得なくなるという形で働くとすれば、ルールの制定経緯からして違和感が残った[30)]。企業は自主的に成長を図るべきであり、企業の自主性を制約したものになりかねない。

そこで、法制審議会会社法制（企業統治等関係）部会において議論された社外取締役設置の義務化については、中間試案において義務化と現状維持の両論併記となり議論の焦点となったが、改正会社法においては、社外取締役設置を義務付けることとなった（会社327条の2）。

一方、金融庁・東京証券取引所に設置された「スチュワードシップ・コード及びコーポレートガバナンス・コードのフォローアップ会議」において検討が進められ、2018年6月1日から適用された改訂コーポレートガバナンス・コード（原則4－8）において、独立社外取締役の選任を改訂前の「2名以上」の目標を「3分の1以上が必要なら十分な人数を選任すべきである」とした。

29）藤田友敬「『社外取締役・取締役会に期待される役割――日本取締役協会の提言』を読んで」旬刊商事法務2038号（2014・7）17頁注48)。

30）田中　亘「取締役会の監督機能の強化－コンプライ・オア・エクスプレイン・ルールを中心に」神田秀樹編『論点詳解　平成26年度改正会社法』（商事法務・2015）27頁。

2　業務執行の社外取締役への委託

「業務執行の社外取締役への委託」については、次のように改正された。

> 株式会社が社外取締役を置いている場合において、その株式会社と取締役（指名委員会等設置会社においては、執行役）との利益が相反する状況にあるとき、その他取締役（指名委員会等設置会社においては、執行役）がその株式会社の業務を執行することにより株主の利益を損なうおそれがあるときは、その株式会社は、その都度、取締役の決定（取締役会設置会社および指名委員会等設置会社にあっては、取締役会の決議）によって、その株式会社の業務を執行することを社外取締役に委託することができるものとする。ただし、社外取締役が業務執行取締役（指名委員会等設置会社においては、執行役）の指揮命令の下に執行する業務については、この限りでないものとする（会社348条の2第1項～3項）。これにより委託を受けた業務を執行したことは、会社法第2条第15号イの「その株式会社の業務を執行した」に該当しないものとなった。

会社法上、社外取締役は、株式会社またはその子会社の業務執行取締役もしくは執行役または支配人その他の使用人（業務執行取締役等）でなく、かつ、その就任の前10年間、株式会社またはその子会社の業務執行取締役等であったことがないことと規定されており（会社2条15号イ）、取締役が株式会社の業務を執行した場合には、社外取締役の要件を満たさないこととなる。

しかし、「業務を執行した」の意義を広く捉え過ぎると社外取締役の活動機会を過度に制約するおそれがあり、社外取締役の合理的活動が妨げられるおそれがあることから、株式会社と取締役との間の利益が相反する場合、株主の共同の利益を損なうおそれがある場合には、社外取締役の行為が業務執行に該当するときであっても、株式会社が、その都度、取締役会の決議等によって行為をすることを社外取締役に委託することができるとし、社外取締役が行為をすることにより、社外取締役の要件を満たさないこととはならないとする規律を設けるものである[31)]。

あくまでセーフ・ハーバー・ルールであって、改正により業務執行該当性の要件が明文化されることで、社外取締役の積極的な行動が期待できる。ただし、「株主の共同の利益を損なうおそれがある場合」について、支配株主と少数株主の利害が対立し少数株主の利益を損なうおそれがある場合の説明が不十分である。

3　社外取締役を置くことの義務付け

(1)　社外取締役設置の義務化の賛否

「社外取締役を置くことの義務付け」については、活発に議論されたが、改正会社法において、次のように義務化されることとなった。

> 監査役会設置会社（公開会社であり、かつ、大会社であるものに限る。）であって金融商品取引法第24条第1項の規定によりその発行する株式について有価証券報告書を内閣総理大臣に提出しなければならないものは、社外取締役を置かなければならない（会社327条の2）。

会社法においては、指名委員会等設置会社における各委員会等の

31）法務省民事局参事官室、前掲注18)、41頁。

機関については、その構成員のうち一定数が社外取締役でなければならないという規律が置かれているが（会社400条3項・331条6項・335条3項）、改正会社法においては、これらの規定の定め方とは異なり、「上場会社等は、社外取締役を置かなければならない」という定め方をしており、このような定め方であれば、取締役会の決議要件との関係においては社外取締役を特別扱いせず、社外取締役を欠いている場合であっても、直ちに有効に取締役会の決議をすることができないこととなるものではないと整理することができる。このような整理を前提として、上場会社等について社外取締役を置くことを義務付けるものとするものである[32)]。

現在、上場企業の90％以上が社外取締役を導入していることから、あえて会社法を改正して、社外取締役の設置の義務化をする必要性はないとの指摘もあった。しかし、日本弁護士連合会は、「ここまで社外取締役の普及が進んだ以上、義務化するかどうかについて余り実益のない議論をする必要はないとの意見もある。しかし、海外諸市場においては社外取締役が広く受け入れられているにも関わらず、日本の上場会社等における社外取締役の位置付けが曖昧であることが、海外投資家等にとって日本の株式市場に対する投資をためらう原因の1つであるといった理解があるところ、日本の上場会社等においては、一律に社外取締役1名の選任が義務付けられているという制度にすることが、海外投資家等にとってもわかりやすい制度、しかも少数株主を含めた全ての株主に共通する株主共同の利益を代弁する立場にある社外取締役が取締役会の中に必ずいるという安心感のある制度となり、コーポレート・ガバナンスの向上や日本の株式市場に投資を誘致する観点からも、望ましいと考える。

32）法制審議会会社法制（企業統治等関係）部会「会社法制（企業統治等関係）の見直しに関する要綱案（仮案）」（2018年（平成30年）10月24日）15頁、16頁。

結局のところ、社外取締役を義務付けるか否かは、未だ社外取締役を選任していない数％程度の上場会社等の内、あえて社外取締役を置かないことが適切であり、ガバナンスの実効性も確保されていると主張する会社の判断を尊重するか、あるいは、上場会社等においては一律に1名の社外取締役が義務付けられているという分かりやすい制度にするかという選択の問題ということもできる。当連合会としては、社外取締役の存在が取締役会の監督機能を強化するなど、企業のガバナンス向上に資する一方、会社経営において特段の支障がないと考えることから、改めて、上場会社等において、社外取締役1名の選任を義務付けるべきである」[33]との意見を表明した。

さらに、法律に義務化を明記すれば、企業の監督役としての社外取締役の役割がより明確になる[34]との意見があった反面、社外取締役の義務付けは時期尚早で、現行の法制下で企業経営にどのような影響が生じているかなどの検証が必要だとする指摘もあった[35]。

(2) 社外取締役とコーポレートガバナンス・コードの改訂

コーポレートガバナンス・コード（改訂前原則4－8）において、「独立社外取締役は会社の持続的な成長と中長期的な企業価値の向上に寄与するため、上場会社はそのような資質を十分に備えた独立社外取締役を少なくとも2名以上選任すべきである。また、会社をとりまく環境を総合的に勘案して、自主的な判断により、少なくとも3分の1以上の独立社外取締役を選任することが必要と考える上場会社は、そのための取組み方針を開示すべきである」とされていた。

欧米においては、上場会社の社外取締役を過半数とする規則が設

33）日本弁護士連合会「社外取締役の義務付けに関する意見書」2017年（平成29年）8月24日5頁。

34）「社外取締役の義務化焦点」日本経済新聞2018年（平成30年）1月16日（火）朝刊5面（小口俊朗　コメント）。

35）「社外取締役の義務化　両論併記」日本経済新聞2018年（平成30年）2月15日（木）朝刊3面（田中亘　コメント）。

けられており、海外からの投資を増やすために、日本のコードも欧米の基準に近づけようとするものである。しかし、独立社外取締役の人数については、量より質が問題であり、形式基準によることは弊害となる可能性がある。たしかに、社外取締役は複数の方がよい。海外の機関投資家の信頼を得るために、そのことを優先することは問題である。

また、金融庁は、2018年3月26日、「コーポレートガバナンス・コードの改訂と投資家と企業の対話ガイドラインの策定について」と「コーポレートガバナンス・コード改訂案」を公表し、6月1日から適用した。

社外取締役に関する改訂については、コーポレートガバナンス・コード（改訂後原則4－8. 独立社外取締役の有効な活用）において、「独立社外取締役は会社の持続的な成長と中長期的な企業価値の向上に寄与するように役割・責務を果たすべきであり、上場会社はそのような資質を十分に備えた独立社外取締役を少なくとも2名以上選任すべきである。

また、業種・規模・事業特性・機関設計・会社をとりまく環境等を総合的に勘案して、少なくとも3分の1以上の独立社外取締役を選任することが必要と考える上場会社は、上記にかかわらず、十分な人数の独立社外取締役を選任すべきである」とされた。

改訂後の原則4－8は、独立社外取締役の選任を現在の「2名以上」の目標を「3分の1以上が必要なら十分な人数を選任すべきである」とし、抑えた表現になっている意図を推し測る必要がある。つまり、日本企業の現状から考えて、急激な変更は企業の負担が大きすぎることから、ある程度時間をかけて進める必要があるという判断があったものとみられる。

4 まとめ

改正会社法において、セーフ・ハーバー・ルールとして、業務執行該当性の要件が明文化され、取締役会の決議等によって行動をすることを社外取締役に委託することができるものとするという規律を設けたことにより、社外取締役を有効に活用することが期待できる。

また、改正会社法において、監査役会設置会社で、株式の譲渡制限がない大会社（資本金5億円以上または最終貸借対照表の負債総額200億円以上）であれば、上場・非上場を問わず、社外取締役の設置が義務化されることとなった。

しかし、現在、社外取締役を設置しても実質的に機能していない形骸化した会社も見受けられる。社外取締役に期待する役割や権限を明確にしないまま漠然と社外取締役を選任したのでは、社外取締役が役に立っているのかどうか、適切に評価することは難しい。

本来、社外取締役の役割は、リスクガバナンスの観点からリスクを見える化し、リスクを回避するとともに、企業価値向上のための助言を行うことである。そこで、さらに1歩踏み込んで、社外取締役の法的位置付けや役割・権限を会社法で明確に規定することにより、社外取締役を有効に機能させることができるものと考える。

第6章

コーポレートガバナンスにおける社外取締役・社外監査役の役割とあり方

第1節　社外取締役の役割とあり方

社外取締役の役割については、いまだに社外取締役自身が十分に理解していない例が多くみられる。会社の経営に最も精通しているのは社内の業務執行者である経営陣であり、会社の業績を上げるのは社外取締役ではなく経営陣の役割である。社外取締役に期待される役割は、経営陣に対して、中長期的な企業価値を向上させるための経営になっているのか、リスクを過度に回避していないか、社内の論理ではなく合理的な根拠に基づく適切な経営になっているのかなどを監視・監督し、経営戦略について説明責任を果たさせることである[36)]。

また、社外取締役と取締役会のあり方として、取締役会において、社外取締役も個別の業務執行の決定に関与する度合いが高い場合には、個別の業務執行の決定に関与することによって、経営の監督が実効的にできるという側面もある。他方、あまり関与しすぎると、自ら決定に関与した事項について、監督を十分にできるかという問題が生じる。

さらに、個別の業務執行の決定に深く関与することまで社外取締役に期待することはかえって意思決定が非効率になる可能性もある。そのため、個別の業務執行の決定にどの程度関与するかについては、社外取締役の役割と権限とのバランスも踏まえて検討すべきである[37)]。

一方、社外取締役が果たすべき機能として、これまで経営全般に対する監督機能と助言機能が期待されていた。しかし、社長が他の取締役を選び、監査役を選び、後継者を選び、社外取締役を選んでいる企業が多数である。日本企業の独特のやり方であり、社長の眼鏡にかなわないと役員にはなり得ないことから、適正な監督と独立性の確保ができるのか疑わしい。

社外取締役を活用する企業形態を採ってきた会社であっても、その実態は、社長などの経営者が人事権を握り、社外取締役には錚々たる大物を並べ、体裁だけを整え、ガバナンスがほとんど機能していない会社も多く見られる。

経営者の姿勢次第でガバナンス体制が形骸化しほとんど機能していないのでは、まさしく「仏作って魂入れず」といわざるを得ない。社外取締役に期待する役割・機能を明確にし、そのサポート体制の構築などを行っているのかどうかが問題であり、漠然と大物の社外取締役を並べていただけでは全く意味がない。

そこで、社外取締役が本来の機能を発揮するためには、その人数

36）経済産業省、前掲注2)、64頁、65頁。
37）経済産業省、前掲注2)、66頁、67頁。

ではなく、人選こそが重要なのであり、適正な監督と独立性を確保するためには、その会社の社長などの経営者を中心とした取締役会が推薦した社外取締役ではなく、外部の公的な第三者機関により一定の資格基準（元経営者・弁護士・司法書士・公認会計士・大学教授など）で選任される社外取締役制度の導入を検討することが必要ではないかと考える[38)]。

国や地方自治体が中心となり、社外取締役の選任権や報酬決定権を有する外部の公的な第三者機関を設置し、会社は社外取締役を直接選任し個別契約するのではなく、第三者機関と契約し、報酬も第三者機関に支払い、社外取締役は第三者機関から報酬を受け取る制度とする必要がある。どの会社の社外取締役となるかは、第三者機関が割り当てることになる。この場合、日弁連などの協力が必要となるであろう。この制度により、何ら利害関係にとらわれることがないことから、社外取締役の公正性・客観性・独立性が確保される。

さらに、会社が社内情報を社外取締役に対して分け隔てなく提供し、明確に説明できるかどうかは、社外取締役制度が機能するかどうかの根幹となる部分であり、重要な社内情報が社外取締役に提供されるシステムを構築し、その義務化が鍵となる。

また、社外取締役を有効に機能させるためには、実際に経営に携わっていた経営経験者は、経営戦略の策定や経営の評価を行う社外取締役の有力な候補者であり、そういった人材が他社の社外取締役になることで、社外取締役が有効に活用される。

一方、役員退任後すぐに競合企業に移ることを防ぐために、役員経験者が相談役や顧問として残るケースも目立つ。各企業が経営経験者を会長や相談役・顧問として囲い込んでいては、社外取締役を有効に活用することは難しい。経営経験者の流動化が進めば進むほ

38）拙稿「社外取締役制度の在り方」法学セミナー745号（2017・2）72頁。

ど、社外取締役からもたらされる知見や経営経験が、各企業の経営にプラスに働くのであり、各企業がさらに踏み込んだ対応を取ることが求められる[39)]。

さらに、上場会社の現役の経営者や何社も兼任している著名な弁護士・大学教授などを社外取締役とすることで実効性あるガバナンス体制が構築できるのか疑問である。適任者が少ないことも背景にあると思われるが、多忙もしくは兼務が多い社外取締役では十分機能することは難しくなる。数合わせの名ばかりの社外取締役では意味がないので制限を設ける必要がある。

昨今、取締役会議長に社外取締役を据える企業も出てきている。議長は議事運営の権限を有し、社長が議長を務めるより、客観的な立場から議事を運営し経営を監督することができる。

しかし、取締役会議長と社長を分離し、社外取締役である議長を有効に機能させるための仕組みが課題となる。そのためにも、取締役会の法定の下部機関もしくは任意の諮問機関である指名委員会は、委員長を社外取締役として、定期的に役員を評価すべきである。このような体制を構築することにより、取締役会は活発な議論の場となり、情報も共有することができる。当然、社外取締役の責任は重くなるが、その役割を果たし実効的に機能することができる。

また、政府の成長戦略に、株式市場に上場している「上場子会社」の企業統治を高めるため、親会社から独立した社外取締役の比率を高めるなど、親会社の意向が優先され子会社の少数株主の利益が損なわれる事態を防ぐ具体策が盛り込まれることとなった。

上場子会社におけるガバナンスの実効性を確保するためには、支配株主からの独立性が重要であり、上場子会社の少数株主の保護および独立した意思決定の確保のためには、独立社外取締役の役割が

39）経済産業省、前掲注2)、30頁。

重要となる。そこで、上場子会社の取締役会の独立社外取締役比率を3分の1以上や過半数を目指し、支配株主の親会社出身者（10年以内に支配株主に所属していた者）を含まない「独立社外取締役」とすることが盛り込まれた。また、親子会社間の利益が相反する場合は、上場子会社において独立社外取締役（または独立社外監査役）のみまたは過半数を占める委員会で検討すべきだとした。

社外取締役の充実がコーポレートガバナンスの改革の大きな柱であり、わが国のコーポレートガバナンス強化の中で社外取締役の存在意義が格段に高まっている。したがって、社外取締役が中心となって業務執行者に対するモニタリングを実施するためにわざわざ法定または任意の委員会を設置している以上、委員長も社外取締役とすることが会社法やコーポレートガバナンス・コードの趣旨に合致しているものと思われる[40)]。さらに、取締役会議長を社外取締役などの非業務執行取締役とし[41)]、取締役会議長と社長を分離することを視野に入れた、社外取締役を中心とする取締役会改革を推進する必要がある。

第2節　社外監査役の役割とあり方

現在、多方面（特に海外の機関投資家など）から監査役制度の信頼性と有用性に関する疑問が投げかけられている。たとえば、①監査役はいかなる任務を負っているのか、②議決権のない監査役が取締役会に出席して何をしているのか、③代表取締役を解任できない監

40）松山遙『はじめて学ぶ社外取締役・社外監査役の役割』（商事法務・2017）156頁。

41）経済産業省、前掲注2）、17頁。

査役には監督の役割は果たせないのではないか、④監査役は従業員出身者が多く、独立性に欠けるのではないか、⑤監査役は公認会計士の資格がないのに、なぜ無資格で会計監査を担当しているのか、などである[42)]。

しかし、監査役会は、その半数以上を強固な独立性を有する社外監査役とすることおよび高度な情報収集力を有する常勤監査役を置くことが会社法により規定されている。これらを有機的に組み合わせて実効性を高め、社外取締役が、その独立性に影響を受けることなく情報収集力の強化を図ることができるよう、社外取締役との連携を強化する必要がある。社外取締役では収集できない情報を有することがあり、これを共有することにより社外取締役制度の実効性が高まる。

さらに、監査役には適法性を中心に監査することが期待されているが、社外取締役は取締役会での議決権を有し、幅広い経営全体の監督が期待されている。監査役と社外取締役が、それぞれの強みを有し、連携することによって相互にその機能を補完できる関係にある[43)]。

しかし、社外監査役を含む監査役と社外取締役が連携するといっても、立場の違いがあり、それほど簡単に連携できるものではない。けれども、コーポレートガバナンスを強化し機能させるためには、立場の違いを乗り越えて連携することが求められる。さらに、監査の実効性を確保するためには、外部の会計監査人や内部監査部門など、経営の業務執行を監視する立場にある者同士の連携による相互補完が重要となる。

42）西山芳喜「監査役の使命——日本型企業システムの要を担う」月刊監査役630号（2014・8）26頁。

43）斉藤 惇「市場の変化と監査役への期待の高まり」月刊監査役630号（2014・8）54頁。

また、監査役は取締役会での議決権を有しない。しかし、監査役には、従来から、取締役の違法行為差止請求権（会社385条）、訴訟における会社の代表権（会社386条）、株主総会に提出する会計監査人の選解任等に関する議案決定権（会社344条）などの一定の業務執行権が認められている。したがって、監査役に対し、不正行為や違法行為を行った代表取締役等の解職に関する取締役会決議において議決権行使を認めることや、職務執行に重大な違法があった取締役の解任を決議する株主総会の開催請求権を認め、株主総会で否決された場合には、取締役解任の訴えの提起権の付与を認めるべきである。

さらには、会計監査人の選解任等に関する議案等の決定権が、監査を受ける立場にある取締役（会）から会計監査人と同じく監査する立場にある監査役（会）に移管され、「インセンティブのねじれ」を解消する改正がされた。したがって、監査役の選解任等に関する議案の決定権を取締役（会）から監査役（会）に移管することなども検討すべきである。

今後、外部の客観的な第三者の視点を有する社外監査役や常勤監査役の高い情報収集力を生かした、コーポレートガバナンスにおける監査役制度の本質的な再検討が必要である。

資　料

コーポレートガバナンス・コード

～会社の持続的な成長と中長期的な企業価値の向上のために～

コーポレートガバナンス・コード

～会社の持続的な成長と中長期的な企業価値の向上のために～

2018年6月1日

株式会社東京証券取引所

コーポレートガバナンス・コードについて

本コードにおいて、「コーポレートガバナンス」とは、会社が、株主をはじめ顧客・従業員・地域社会等の立場を踏まえた上で、透明・公正かつ迅速・果断な意思決定を行うための仕組みを意味する。

本コードは、実効的なコーポレートガバナンスの実現に資する主要な原則を取りまとめたものであり、これらが適切に実践されることは、それぞれの会社において持続的な成長と中長期的な企業価値の向上のための自律的な対応が図られることを通じて、会社、投資家、ひいては経済全体の発展にも寄与することとなるものと考えられる。

基本原則

【株主の権利・平等性の確保】

1. 上場会社は、株主の権利が実質的に確保されるよう適切な対応を行うとともに、株主がその権利を適切に行使することができる環境の整備を行うべきである。

また、上場会社は、株主の実質的な平等性を確保すべきである。

少数株主や外国人株主については、株主の権利の実質的な確保、権利行使に係る環境や実質的な平等性の確保に課題や懸念が生じやすい面があることから、十分に配慮を行うべきである。

【株主以外のステークホルダーとの適切な協働】

2. 上場会社は、会社の持続的な成長と中長期的な企業価値の創出は、従業員、顧客、取引先、債権者、地域社会をはじめとする様々なステークホルダーによるリソースの提供や貢献の結果であることを十分に認識し、これらのステークホルダーとの適切な協働に努めるべきである。

取締役会・経営陣は、これらのステークホルダーの権利・立場や健全な事業活動倫理を尊重する企業文化・風土の醸成に向けてリーダーシップを発揮すべきである。

【適切な情報開示と透明性の確保】

3. 上場会社は、会社の財政状態・経営成績等の財務情報や、経営戦略・経営課題、リスクやガバナンスに係る情報等の非財務情報について、法令に基づく開示を適切に行うとともに、法令に基づく開示以外の情報提供にも主体的に取り組むべきである。

その際、取締役会は、開示・提供される情報が株主との間で建設的な対話を行う上での基盤となることも踏まえ、そうした情報（とりわけ非財務情報）が、正確で利用者にとって分かりやすく、情報として有用性の高いものとなるようにすべきである。

【取締役会等の責務】

4. 上場会社の取締役会は、株主に対する受託者責任・説明責任を踏まえ、会社の持続的成長と中長期的な企業価値の向上を促し、収益力・資本効率等の改善を図るべく、

(1) 企業戦略等の大きな方向性を示すこと

(2) 経営陣幹部による適切なリスクテイクを支える環境整備を行うこと

(3) 独立した客観的な立場から、経営陣（執行役及びいわゆる執行役員を含む）・取締役に対する実効性の高い監督を行うこと

をはじめとする役割・責務を適切に果たすべきである。

こうした役割・責務は、監査役会設置会社（その役割・責務の一部は監査役及び監査役会が担うこととなる）、指名委員会等設置会社、監査等委員会設置会社など、いずれの機関設計を採用する場合にも、等しく適切に果たされるべきである。

【株主との対話】

5. 上場会社は、その持続的な成長と中長期的な企業価値の向上に資するため、株主総会の場以外においても、株主との間で建設的な対話を行うべきである。

経営陣幹部・取締役（社外取締役を含む）は、こうした対話を通じて株主の声に耳を傾け、その関心・懸念に正当な関心を払うとともに、自らの経営方針を株主に分かりやすい形で明確に説明しその理解を得る努力を行い、株主を含むステークホルダーの立場に関するバランスのとれた理解と、そうした理解を踏まえた適切な対応に努めるべきである。

第１章　株主の権利・平等性の確保

【基本原則１】

上場会社は、株主の権利が実質的に確保されるよう適切な対応を行うとともに、株主がその権利を適切に行使することができる環境の整備を行うべきである。

また、上場会社は、株主の実質的な平等性を確保すべきである。

少数株主や外国人株主については、株主の権利の実質的な確保、権利行使に係る環境や実質的な平等性の確保に課題や懸念が生じやすい面があることから、十分に配慮を行うべきである。

考え方

上場会社には、株主を含む多様なステークホルダーが存在しており、こうしたステークホルダーとの適切な協働を欠いては、その持続的な成長を実現することは困難である。その際、資本提供者は重要な要であり、株主はコーポレートガバナンスの規律における主要な起点でもある。上場会社には、株主が有する様々な権利が実質的に確保されるよう、その円滑な行使に配慮することにより、株主との適切な協働を確保し、持続的な成長に向けた取組みに邁進することが求められる。

また、上場会社は、自らの株主を、その有する株式の内容及び数に応じて平等に取り扱う会社法上の義務を負っているところ、この点を実質的にも確保していることについて広く株主から信認を得ることは、資本提供者からの支持の基盤を強化することにも資するものである。

【原則1-1.　株主の権利の確保】

上場会社は、株主総会における議決権をはじめとする株主の権利が実質的に確保されるよう、適切な対応を行うべきである。

補充原則

1-1①　取締役会は、株主総会において可決には至ったものの相当数の反対票が投じられた会社提案議案があったと認めるときは、反対の理由や反対票が多くなった原因の分析を行い、株主との対話その他の対応の要否について検討を行うべきである。

1-1②　上場会社は、総会決議事項の一部を取締役会に委任するよう株主総会に提案するに当たっては、自らの取締役会においてコーポレートガバナンスに関する役割・責務を十分に果たし得るような体制が整っているか否かを考慮すべきである。他方で、上場会社において、そうした体制がしっかりと整っていると判断する場合には、上記の提案を行うことが、経営判断の機動性・専門性の確保の観点から望ましい場合があることを考慮に入れるべきである。

1-1③　上場会社は、株主の権利の重要性を踏まえ、その権利行使を事実上妨げることのないよう配慮すべきである。とりわけ、少数株主にも認められている上場会社及びその役員に対する特別な権利（違法行為の差止めや代表訴訟提起に係る権利等）については、その権利行使の確保に課題や懸念が生じやすい面があることから、十分に配慮を行うべきである。

【原則1-2.　株主総会における権利行使】

上場会社は、株主総会が株主との建設的な対話の場であることを認識し、株主の視点に立って、株主総会における権利行使に係る適切な環境整備を行うべきである。

補充原則

1-2①　上場会社は、株主総会において株主が適切な判断を行うことに資すると考えられる情報については、必要に応じ適確に提供すべきである。

1-2②　上場会社は、株主が総会議案の十分な検討期間を確保することができるよう、招集通知に記載する情報の正確性を担保しつつその早期発送に努めるべきであり、また、招集通知に記載する情報は、株主総会の招集に係る取締役会決議から招集通知を発送するまでの間に、TDnetや自社のウェブサイトにより電子的に公表すべきである。

1-2③　上場会社は、株主との建設的な対話の充実や、そのための正確な情報提供等の観点を考慮し、株主総会開催日をはじめとする株主総会関連の日程の適切な設定を行うべきである。

1-2④　上場会社は、自社の株主における機関投資家や海外投資家の比率等も踏まえ、議決権の電子行使を可能とするための環境作り（議決権電子行使プラットフォームの利用等）や招集通知の英訳を進めるべきである。

1-2⑤　信託銀行等の名義で株式を保有する機関投資家等が、株主総会において、信託銀行等に代わって自ら議決権の行使等を行うことをあらかじめ希望する場合に対応するため、上場会社は、信託銀行等と協議しつつ検討を行うべきである。

【原則1-3.　資本政策の基本的な方針】

上場会社は、資本政策の動向が株主の利益に重要な影響を与え得ることを踏まえ、資本政策の基本的な方針について説明を行うべきである。

【原則1-4.　政策保有株式】

上場会社が政策保有株式として上場株式を保有する場合には、政策保有株式の縮減に関する方針・考え方など、政策保有に関する方針を開示すべきである。また、毎年、取締役会で、個別の政策保有株式について、保有目的が適切か、保有に伴う便益やリスクが資本コストに見合っているか等を具体的に精査し、保有の適否を検証するとともに、そうした検証の内容について開示すべきである。

上場会社は、政策保有株式に係る議決権の行使について、適切な対応を確保するための具体的な基準を策定・開示し、その基準に沿った対応を行うべきである。

補充原則

1-4①　上場会社は、自社の株式を政策保有株式として保有している会社（政策保有株主）からその株式の売却等の意向が示された場合には、取引の縮減を示唆することなどにより、売却等を妨げるべきではない。

1-4②　上場会社は、政策保有株主との間で、取引の経済合理性を十分に検証しないまま取引を継続するなど、会社や株主共同の利益を害するような取引を行うべきではない。

【原則1-5. いわゆる買収防衛策】

買収防衛の効果をもたらすことを企図してとられる方策は、経営陣・取締役会の保身を目的とするものであってはならない。その導入・運用については、取締役会・監査役は、株主に対する受託者責任を全うする観点から、その必要性・合理性をしっかりと検討し、適正な手続を確保するとともに、株主に十分な説明を行うべきである。

補充原則

1-5① 上場会社は、自社の株式が公開買付けに付された場合には、取締役会としての考え方（対抗提案があればその内容を含む）を明確に説明すべきであり、また、株主が公開買付けに応じて株式を手放す権利を不当に妨げる措置を講じるべきではない。

【原則1-6. 株主の利益を害する可能性のある資本政策】

支配権の変動や大規模な希釈化をもたらす資本政策（増資、MBO等を含む）については、既存株主を不当に害することのないよう、取締役会・監査役は、株主に対する受託者責任を全うする観点から、その必要性・合理性をしっかりと検討し、適正な手続を確保するとともに、株主に十分な説明を行うべきである。

【原則1-7. 関連当事者間の取引】

上場会社がその役員や主要株主等との取引（関連当事者間の取引）を行う場合には、そうした取引が会社や株主共同の利益を害することのないよう、また、そうした懸念を惹起することのないよう、取締役会は、あらかじめ、取引の重要性やその性質に応じた適切な手続を定めてその枠組みを開示するとともに、その手続を踏まえた監視（取引の承認を含む）を行うべきである。

第2章　株主以外のステークホルダーとの適切な協働

【基本原則2】

上場会社は、会社の持続的な成長と中長期的な企業価値の創出は、従業員、顧客、取引先、債権者、地域社会をはじめとする様々なステークホルダーによるリソースの提供や貢献の結果であることを十分に認識し、これらのステークホルダーとの適切な協働に努めるべきである。

取締役会・経営陣は、これらのステークホルダーの権利・立場や健全な事業活動倫理を尊重する企業文化・風土の醸成に向けてリーダーシップを発揮すべきである。

考え方

上場会社には、株主以外にも重要なステークホルダーが数多く存在する。これらのステークホルダーには、従業員をはじめとする社内の関係者や、顧客・取引先・債権者等の社外の関係者、更には、地域社会のように会社の存続・活動の基盤をなす主体が含まれる。上場会社は、自らの持続的な成長と中長期的な企業価値の創出を達成するためには、これらのステークホルダーとの適切な協働が不可欠であることを十分に認識すべきである。また、近時のグローバルな社会・環境問題等に対する関心の高まりを踏まえれば、いわゆる

ESG（環境、社会、統治）問題への積極的・能動的な対応をこれらに含めることも考えられる。

上場会社が、こうした認識を踏まえて適切な対応を行うことは、社会・経済全体に利益を及ぼすとともに、その結果として、会社自身にも更に利益がもたらされる、という好循環の実現に資するものである。

【原則2-1.　中長期的な企業価値向上の基礎となる経営理念の策定】

上場会社は、自らが担う社会的な責任についての考え方を踏まえ、様々なステークホルダーへの価値創造に配慮した経営を行いつつ中長期的な企業価値向上を図るべきであり、こうした活動の基礎となる経営理念を策定すべきである。

【原則2-2.　会社の行動準則の策定・実践】

上場会社は、ステークホルダーとの適切な協働やその利益の尊重、健全な事業活動倫理などについて、会社としての価値観を示しその構成員が従うべき行動準則を定め、実践すべきである。取締役会は、行動準則の策定・改訂の責務を担い、これが国内外の事業活動の第一線にまで広く浸透し、遵守されるようにすべきである。

補充原則

2-2①　取締役会は、行動準則が広く実践されているか否かについて、適宜または定期的にレビューを行うべきである。その際には、実質的に行動準則の趣旨・精神を尊重する企業文化・風土が存在するか否かに重点を置くべきであり、形式的な遵守確認に終始すべきではない。

【原則2-3. 社会・環境問題をはじめとするサステナビリティーを巡る課題】

上場会社は、社会・環境問題をはじめとするサステナビリティー（持続可能性）を巡る課題について、適切な対応を行うべきである。

補充原則

2-3① 取締役会は、サステナビリティー（持続可能性）を巡る課題への対応は重要なリスク管理の一部であると認識し、適確に対処するとともに、近時、こうした課題に対する要請・関心が大きく高まりつつあることを勘案し、これらの課題に積極的・能動的に取り組むよう検討すべきである。

【原則2-4. 女性の活躍促進を含む社内の多様性の確保】

上場会社は、社内に異なる経験・技能・属性を反映した多様な視点や価値観が存在することは、会社の持続的な成長を確保する上での強みとなり得る、との認識に立ち、社内における女性の活躍促進を含む多様性の確保を推進すべきである。

【原則2-5. 内部通報】

上場会社は、その従業員等が、不利益を被る危険を懸念することなく、違法または不適切な行為・情報開示に関する情報や真摯な疑念を伝えることができるよう、また、伝えられた情報や疑念が客観的に検証され適切に活用されるよう、内部通報に係る適切な体制整備を行うべきである。取締役会は、こうした体制整備を実現する責務を負うとともに、その運用状況を監督すべきである。

補充原則

2-5① 上場会社は、内部通報に係る体制整備の一環として、経営陣から独立した窓口の設置（例えば、社外取締役と監査役による合議体を窓口とする等）を行うべきであり、また、情報提供者の秘匿と不利益取扱の禁止に関する規律を整備すべきである。

【原則2-6. 企業年金のアセットオーナーとしての機能発揮】

上場会社は、企業年金の積立金の運用が、従業員の安定的な資産形成に加えて自らの財政状態にも影響を与えることを踏まえ、企業年金が運用（運用機関に対するモニタリングなどのスチュワードシップ活動を含む）の専門性を高めてアセットオーナーとして期待される機能を発揮できるよう、運用に当たる適切な資質を持った人材の計画的な登用・配置などの人事面や運営面における取組みを行うとともに、そうした取組みの内容を開示すべきである。その際、上場会社は、企業年金の受益者と会社との間に生じ得る利益相反が適切に管理されるようにすべきである。

第3章　適切な情報開示と透明性の確保

【基本原則3】

上場会社は、会社の財政状態・経営成績等の財務情報や、経営戦略・経営課題、リスクやガバナンスに係る情報等の非財務情報について、法令に基づく開示を適切に行うとともに、法令に基づく開示以外の情報提供にも主体的に取り組むべきである。

その際、取締役会は、開示・提供される情報が株主との間で建設的な対話を行う上での基盤となることも踏まえ、そうした情報（とりわけ非財務情報）が、正確で利用者にとって分かりやすく、情報として有用性の高いものとなるようにすべきである。

考え方

上場会社には、様々な情報を開示することが求められている。これらの情報が法令に基づき適時適切に開示されることは、投資家保護や資本市場の信頼性確保の観点から不可欠の要請であり、取締役会・監査役・監査役会・外部会計監査人は、この点に関し財務情報に係る内部統制体制の適切な整備をはじめとする重要な責務を負っている。

また、上場会社は、法令に基づく開示以外の情報提供にも主体的に取り組むべきである。

更に、我が国の上場会社による情報開示は、計表等については、様式・作成要領などが詳細に定められており比較可能性に優れている一方で、会社の財政状態、経営戦略、リスク、ガバナンスや社会・環境問題に関する事項（いわゆるESG要素）などについて説明等を行ういわゆる非財務情報を巡っては、ひな型的な記述や具体性を欠く記述となっており付加価値に乏しい場合が少なくない、との指摘もある。取締役会は、こうした情報を含め、開示・提供される情報が可能な限り利用者にとって有益な記載となるよう積極的に関与を行う必要がある。

法令に基づく開示であれそれ以外の場合であれ、適切な情報の開示・提供は、上場会社の外側にいて情報の非対称性の下におかれている株主等のステークホルダーと認識を共有し、その理解を得るための有力な手段となり得るものであり、「『責任ある機関投資家』の諸原則《日本版スチュワードシップ・コード》」を踏まえた建設的な対話にも資するものである。

【原則3-1. 情報開示の充実】

上場会社は、法令に基づく開示を適切に行うことに加え、会社の意思決定の透明性・公正性を確保し、実効的なコーポレートガバナンスを実現するとの観点から、(本コードの各原則において開示を求めている事項のほか、) 以下の事項について開示し、主体的な情報発信を行うべきである。

(i) 会社の目指すところ (経営理念等) や経営戦略、経営計画

(ii) 本コードのそれぞれの原則を踏まえた、コーポレートガバナンスに関する基本的な考え方と基本方針

(iii) 取締役会が経営陣幹部・取締役の報酬を決定するに当たっての方針と手続

(iv) 取締役会が経営陣幹部の選解任と取締役・監査役候補の指名を行うに当たっての方針と手続

(v) 取締役会が上記(iv)を踏まえて経営陣幹部の選解任と取締役・監査役候補の指名を行う際の、個々の選解任・指名についての説明

補充原則

3-1① 上記の情報の開示（法令に基づく開示を含む）に当たって、取締役会は、ひな型的な記述や具体性を欠く記述を避け、利用者にとって付加価値の高い記載となるようにすべきである。

3-1② 上場会社は、自社の株主における海外投資家等の比率も踏まえ、合理的な範囲において、英語での情報の開示・提供を進めるべきである。

【原則3-2. 外部会計監査人】
外部会計監査人及び上場会社は、外部会計監査人が株主・投資家に対して責務を負っていることを認識し、適正な監査の確保に向けて適切な対応を行うべきである。

補充原則

3-2① 監査役会は、少なくとも下記の対応を行うべきである。

(i) 外部会計監査人候補を適切に選定し外部会計監査人を適切に評価するための基準の策定

(ii) 外部会計監査人に求められる独立性と専門性を有しているか否かについての確認

3-2② 取締役会及び監査役会は、少なくとも下記の対応を行うべきである。

(i) 高品質な監査を可能とする十分な監査時間の確保

(ii) 外部会計監査人からCEO・CFO等の経営陣幹部へのアクセス（面談等）の確保

(iii) 外部会計監査人と監査役（監査役会への出席を含む）、内部監査部門や社外取締役との十分な連携の確保

(iv) 外部会計監査人が不正を発見し適切な対応を求めた場

合や、不備・問題点を指摘した場合の会社側の対応体制の確立

第4章　取締役会等の責務

【基本原則4】

上場会社の取締役会は、株主に対する受託者責任・説明責任を踏まえ、会社の持続的成長と中長期的な企業価値の向上を促し、収益力・資本効率等の改善を図るべく、

(1)　企業戦略等の大きな方向性を示すこと

(2)　経営陣幹部による適切なリスクテイクを支える環境整備を行うこと

(3)　独立した客観的な立場から、経営陣（執行役及びいわゆる執行役員を含む）・取締役に対する実効性の高い監督を行うこと

をはじめとする役割・責務を適切に果たすべきである。

こうした役割・責務は、監査役会設置会社（その役割・責務の一部は監査役及び監査役会が担うこととなる）、指名委員会等設置会社、監査等委員会設置会社など、いずれの機関設計を採用する場合にも、等しく適切に果たされるべきである。

考え方

上場会社は、通常、会社法（平成26年改正後）が規定する機関設計のうち主要な3種類（監査役会設置会社、指名委員会等設置会社、監査等委員会設置会社）のいずれかを選択することとされている。前者（監査役会設置会社）は、取締役会と監査役・監査役会に統治機能を担わせる我が国独自の制度である。その制度では、監査役は、取締

役・経営陣等の職務執行の監査を行うこととされており、法律に基づく調査権限が付与されている。また、独立性と高度な情報収集能力の双方を確保すべく、監査役（株主総会で選任）の半数以上は社外監査役とし、かつ常勤の監査役を置くこととされている。後者の2つは、取締役会に委員会を設置して一定の役割を担わせることにより監督機能の強化を目指すものであるという点において、諸外国にも類例が見られる制度である。上記の3種類の機関設計のいずれを採用する場合でも、重要なことは、創意工夫を施すことによりそれぞれの機関の機能を実質的かつ十分に発揮させることである。

また、本コードを策定する大きな目的の一つは、上場会社による透明・公正かつ迅速・果断な意思決定を促すことにあるが、上場会社の意思決定のうちには、外部環境の変化その他の事情により、結果として会社に損害を生じさせることとなるものが無いとは言い切れない。その場合、経営陣・取締役が損害賠償責任を負うか否かの判断に際しては、一般的に、その意思決定の時点における意思決定過程の合理性が重要な考慮要素の一つとなるものと考えられるが、本コードには、ここでいう意思決定過程の合理性を担保することに寄与すると考えられる内容が含まれており、本コードは、上場会社の透明・公正かつ迅速・果断な意思決定を促す効果を持つこととなるものと期待している。

【原則4-1. 取締役会の役割・責務(1)】

取締役会は、会社の目指すところ（経営理念等）を確立し、戦略的な方向付けを行うことを主要な役割・責務の一つと捉え、具体的な経営戦略や経営計画等について建設的な議論を行うべきであり、重要な業務執行の決定を行う場合には、上記の戦略的な方向付けを踏まえるべきである。

補充原則

4-1① 取締役会は、取締役会自身として何を判断・決定し、何を経営陣に委ねるのかに関連して、経営陣に対する委任の範囲を明確に定め、その概要を開示すべきである。

4-1② 取締役会・経営陣幹部は、中期経営計画も株主に対するコミットメントの一つであるとの認識に立ち、その実現に向けて最善の努力を行うべきである。仮に、中期経営計画が目標未達に終わった場合には、その原因や自社が行った対応の内容を十分に分析し、株主に説明を行うとともに、その分析を次期以降の計画に反映させるべきである。

4-1③ 取締役会は、会社の目指すところ（経営理念等）や具体的な経営戦略を踏まえ、最高経営責任者（CEO）等の後継者計画（プランニング）の策定・運用に主体的に関与するとともに、後継者候補の育成が十分な時間と資源をかけて計画的に行われていくよう、適切に監督を行うべきである。

【原則4-2. 取締役会の役割・責務(2)】

取締役会は、経営陣幹部による適切なリスクテイクを支える環境整備を行うことを主要な役割・責務の一つと捉え、経営陣からの健全な企業家精神に基づく提案を歓迎しつつ、説明責任の確保に向けて、そうした提案について独立した客観的な立場において多角的かつ十分な検討を行うとともに、承認した提案が実行される際には、経営陣幹部の迅速・果断な意思決定を支援すべきである。

また、経営陣の報酬については、中長期的な会社の業績や潜在的リスクを反映させ、健全な企業家精神の発揮に資するようなインセンティブ付けを行うべきである。

補充原則

4-2① 取締役会は、経営陣の報酬が持続的な成長に向けた健全なインセンティブとして機能するよう、客観性・透明性ある手続に従い、報酬制度を設計し、具体的な報酬額を決定すべきである。その際、中長期的な業績と連動する報酬の割合や、現金報酬と自社株報酬との割合を適切に設定すべきである。

【原則4-3. 取締役会の役割・責務(3)】

取締役会は、独立した客観的な立場から、経営陣・取締役に対する実効性の高い監督を行うことを主要な役割・責務の一つと捉え、適切に会社の業績等の評価を行い、その評価を経営陣幹部の人事に適切に反映すべきである。

また、取締役会は、適時かつ正確な情報開示が行われるよう監督を行うとともに、内部統制やリスク管理体制を適切に整備すべきである。

更に、取締役会は、経営陣・支配株主等の関連当事者と会社との間に生じ得る利益相反を適切に管理すべきである。

補充原則

4-3① 取締役会は、経営陣幹部の選任や解任について、会社の業績等の評価を踏まえ、公正かつ透明性の高い手続に従い、適切に実行すべきである。

4-3② 取締役会は、CEOの選解任は、会社における最も重要な戦略的意思決定であることを踏まえ、客観性・適時性・透明性ある手続に従い、十分な時間と資源をかけて、資質を備えたCEOを選任すべきである。

4-3③ 取締役会は、会社の業績等の適切な評価を踏まえ、CEOがその機能を十分発揮していないと認められる場合に、CEOを解任するための客観性・適時性・透明性ある手続を確立すべきである。

4-3④　コンプライアンスや財務報告に係る内部統制や先を見越したリスク管理体制の整備は、適切なリスクテイクの裏付けとなり得るものであるが、取締役会は、これらの体制の適切な構築や、その運用が有効に行われているか否かの監督に重点を置くべきであり、個別の業務執行に係るコンプライアンスの審査に終始すべきではない。

【原則4-4.　監査役及び監査役会の役割・責務】

監査役及び監査役会は、取締役の職務の執行の監査、外部会計監査人の選解任や監査報酬に係る権限の行使などの役割・責務を果たすに当たって、株主に対する受託者責任を踏まえ、独立した客観的な立場において適切な判断を行うべきである。

また、監査役及び監査役会に期待される重要な役割・責務には、業務監査・会計監査をはじめとするいわば「守りの機能」があるが、こうした機能を含め、その役割・責務を十分に果たすためには、自らの守備範囲を過度に狭く捉えることは適切でなく、能動的・積極的に権限を行使し、取締役会においてあるいは経営陣に対して適切に意見を述べるべきである。

補充原則

4-4①　監査役会は、会社法により、その半数以上を社外監査役とすること及び常勤の監査役を置くことの双方が求められていることを踏まえ、その役割・責務を十分に果たすとの観点から、前者に由来する強固な独立性と、後者が保有する高度な情報収集力とを有機的に組み合わせて実効性を高めるべきである。また、監査役または監査役会は、社外取締役が、その独立性に影響を受けることなく情報収集力の強化を図ることができるよう、社外取締役との連携を確保すべきである。

【原則4-5.　取締役・監査役等の受託者責任】

上場会社の取締役・監査役及び経営陣は、それぞれの株主に対する受託者責任を認識し、ステークホルダーとの適切な協働を確保しつつ、会社や株主共同の利益のために行動すべきである。

【原則4-6.　経営の監督と執行】

上場会社は、取締役会による独立かつ客観的な経営の監督の実効性を確保すべく、業務の執行には携わらない、業務の執行と一定の距離を置く取締役の活用について検討すべきである。

【原則4-7.　独立社外取締役の役割・責務】

上場会社は、独立社外取締役には、特に以下の役割・責務を果たすことが期待されることに留意しつつ、その有効な活用を図るべきである。

(i)　経営の方針や経営改善について、自らの知見に基づき、会社の持続的な成長を促し中長期的な企業価値の向上を図る、との観点からの助言を行うこと

(ii)　経営陣幹部の選解任その他の取締役会の重要な意思決定を通じ、経営の監督を行うこと

(iii) 会社と経営陣・支配株主等との間の利益相反を監督すること

(iv) 経営陣・支配株主から独立した立場で、少数株主をはじめとするステークホルダーの意見を取締役会に適切に反映させること

【原則4-8. 独立社外取締役の有効な活用】

独立社外取締役は会社の持続的な成長と中長期的な企業価値の向上に寄与するように役割・責務を果たすべきであり、上場会社はそのような資質を十分に備えた独立社外取締役を少なくとも2名以上選任すべきである。

また、業種・規模・事業特性・機関設計・会社をとりまく環境等を総合的に勘案して、少なくとも3分の1以上の独立社外取締役を選任することが必要と考える上場会社は、上記にかかわらず、十分な人数の独立社外取締役を選任すべきである。

補充原則

4-8① 独立社外取締役は、取締役会における議論に積極的に貢献するとの観点から、例えば、独立社外者のみを構成員とする会合を定期的に開催するなど、独立した客観的な立場に基づく情報交換・認識共有を図るべきである。

4-8② 独立社外取締役は、例えば、互選により「筆頭独立社外取締役」を決定することなどにより、経営陣との連絡・調整や監査役または監査役会との連携に係る体制整備を図るべきである。

【原則4-9.　独立社外取締役の独立性判断基準及び資質】

取締役会は、金融商品取引所が定める独立性基準を踏まえ、独立社外取締役となる者の独立性をその実質面において担保することに主眼を置いた独立性判断基準を策定・開示すべきである。また、取締役会は、取締役会における率直・活発で建設的な検討への貢献が期待できる人物を独立社外取締役の候補者として選定するよう努めるべきである。

【原則4-10.　任意の仕組みの活用】

上場会社は、会社法が定める会社の機関設計のうち会社の特性に応じて最も適切な形態を採用するに当たり、必要に応じて任意の仕組みを活用することにより、統治機能の更なる充実を図るべきである。

補充原則

4-10①　上場会社が監査役会設置会社または監査等委員会設置会社であって、独立社外取締役が取締役会の過半数に達していない場合には、経営陣幹部・取締役の指名・報酬などに係る取締役会の機能の独立性・客観性と説明責任を強化するため、取締役会の下に独立社外取締役を主要な構成員とする任意の指名委員会・報酬委員会など、独立した諮問委員会を設置することにより、指名・報酬などの特に重要な事項に関する検討に当たり独立社外取締役の適切な関与・助言を得るべきである。

【原則4-11. 取締役会・監査役会の実効性確保のための前提条件】

取締役会は、その役割・責務を実効的に果たすための知識・経験・能力を全体としてバランス良く備え、ジェンダーや国際性の面を含む多様性と適正規模を両立させる形で構成されるべきである。また、監査役には、適切な経験・能力及び必要な財務・会計・法務に関する知識を有する者が選任されるべきであり、特に、財務・会計に関する十分な知見を有している者が1名以上選任されるべきである。

取締役会は、取締役会全体としての実効性に関する分析・評価を行うことなどにより、その機能の向上を図るべきである。

補充原則

4-11① 取締役会は、取締役会の全体としての知識・経験・能力のバランス、多様性及び規模に関する考え方を定め、取締役の選任に関する方針・手続と併せて開示すべきである。

4-11② 社外取締役・社外監査役をはじめ、取締役・監査役は、その役割・責務を適切に果たすために必要となる時間・労力を取締役・監査役の業務に振り向けるべきである。こうした観点から、例えば、取締役・監査役が他の上場会社の役員を兼任する場合には、その数は合理的な範囲にとどめるべきであり、上場会社は、その兼任状況を毎年開示すべきである。

4-11③ 取締役会は、毎年、各取締役の自己評価なども参考にしつつ、取締役会全体の実効性について分析・評価を行い、その結果の概要を開示すべきである。

【原則4-12.　取締役会における審議の活性化】

取締役会は、社外取締役による問題提起を含め自由闊達で建設的な議論・意見交換を尊ぶ気風の醸成に努めるべきである。

補充原則

4-12①　取締役会は、会議運営に関する下記の取扱いを確保しつつ、その審議の活性化を図るべきである。

(i)　取締役会の資料が、会日に十分に先立って配布されるようにすること

(ii)　取締役会の資料以外にも、必要に応じ、会社から取締役に対して十分な情報が（適切な場合には、要点を把握しやすいように整理・分析された形で）提供されるようにすること

(iii)　年間の取締役会開催スケジュールや予想される審議事項について決定しておくこと

(iv)　審議項目数や開催頻度を適切に設定すること

(v)　審議時間を十分に確保すること

【原則4-13.　情報入手と支援体制】

取締役・監査役は、その役割・責務を実効的に果たすために、能動的に情報を入手すべきであり、必要に応じ、会社に対して追加の情報提供を求めるべきである。

また、上場会社は、人員面を含む取締役・監査役の支援体制を整えるべきである。

取締役会・監査役会は、各取締役・監査役が求める情報の円滑な提供が確保されているかどうかを確認すべきである。

補充原則

4-13① 社外取締役を含む取締役は、透明・公正かつ迅速・果断な会社の意思決定に資するとの観点から、必要と考える場合には、会社に対して追加の情報提供を求めるべきである。また、社外監査役を含む監査役は、法令に基づく調査権限を行使することを含め、適切に情報入手を行うべきである。

4-13② 取締役・監査役は、必要と考える場合には、会社の費用において外部の専門家の助言を得ることも考慮すべきである。

4-13③ 上場会社は、内部監査部門と取締役・監査役との連携を確保すべきである。また、上場会社は、例えば、社外取締役・社外監査役の指示を受けて会社の情報を適確に提供できるよう社内との連絡・調整にあたる者の選任など、社外取締役や社外監査役に必要な情報を適確に提供するための工夫を行うべきである。

【原則4-14. 取締役・監査役のトレーニング】

新任者をはじめとする取締役・監査役は、上場会社の重要な統治機関の一翼を担う者として期待される役割・責務を適切に果たすため、その役割・責務に係る理解を深めるとともに、必要な知識の習得や適切な更新等の研鑽に努めるべきである。このため、上場会社は、個々の取締役・監査役に適合したトレーニングの機会の提供・斡旋やその費用の支援を行うべきであり、取締役会は、こうした対応が適切にとられているか否かを確認すべきである。

補充原則

4-14① 社外取締役・社外監査役を含む取締役・監査役は、就任の際には、会社の事業・財務・組織等に関する必要な知識を取得し、取締役・監査役に求められる役割と責務（法的責任を含む）を十分に理解する機会を得るべきであり、就任後においても、必要に応じ、これらを継続的に更新する機会を得るべきである。

4-14② 上場会社は、取締役・監査役に対するトレーニングの方針について開示を行うべきである。

第5章　株主との対話

【基本原則5】

上場会社は、その持続的な成長と中長期的な企業価値の向上に資するため、株主総会の場以外においても、株主との間で建設的な対話を行うべきである。

経営陣幹部・取締役（社外取締役を含む）は、こうした対話を通じて株主の声に耳を傾け、その関心・懸念に正当な関心を払うとともに、自らの経営方針を株主に分かりやすい形で明確に説明しその理解を得る努力を行い、株主を含むステークホルダーの立場に関するバランスのとれた理解と、そうした理解を踏まえた適切な対応に努めるべきである。

考え方

「『責任ある機関投資家』の諸原則《日本版スチュワードシップ・コード》」の策定を受け、機関投資家には、投資先企業やその事業環境等に関する深い理解に基づく建設的な「目的を持った対話」（エンゲージメント）を行うことが求められている。

上場会社にとっても、株主と平素から対話を行い、具体的な経営戦略や経営計画などに対する理解を得るとともに懸念があれば適切に対応を講じることは、経営の正統性の基盤を強化し、持続的な成長に向けた取組みに邁進する上で極めて有益である。また、一般に、上場会社の経営陣・取締役は、従業員・取引先・金融機関とは日常的に接触し、その意見に触れる機会には恵まれているが、これらはいずれも賃金債権、貸付債権等の債権者であり、株主と接する機会は限られている。経営陣幹部・取締役が、株主との対話を通じてその声に耳を傾けることは、資本提供者の目線からの経営分析や意見を吸収し、持続的な成長に向けた健全な企業家精神を喚起する機会を得る、ということも意味する。

【原則5-1. 株主との建設的な対話に関する方針】

上場会社は、株主からの対話（面談）の申込みに対しては、会社の持続的な成長と中長期的な企業価値の向上に資するよう、合理的な範囲で前向きに対応すべきである。取締役会は、株主との建設的な対話を促進するための体制整備・取組みに関する方針を検討・承認し、開示すべきである。

補充原則

5-1① 株主との実際の対話（面談）の対応者については、株主の希望と面談の主な関心事項も踏まえた上で、合理的な範囲で、経営陣幹部または取締役（社外取締役を含む）が面談に臨むことを基本とすべきである。

5-1② 株主との建設的な対話を促進するための方針には、少なくとも以下の点を記載すべきである。

(i) 株主との対話全般について、下記(ii)～(v)に記載する事項を含めその統括を行い、建設的な対話が実現するように目配りを行う経営陣または取締役の指定

(ii) 対話を補助する社内のIR担当、経営企画、総務、財務、経理、法務部門等の有機的な連携のための方策

(iii) 個別面談以外の対話の手段（例えば、投資家説明会やIR活動）の充実に関する取組み

(iv) 対話において把握された株主の意見・懸念の経営陣幹部や取締役会に対する適切かつ効果的なフィードバックのための方策

(v) 対話に際してのインサイダー情報の管理に関する方策

5-1③ 上場会社は、必要に応じ、自らの株主構造の把握に努めるべきであり、株主も、こうした把握作業にできる限り協力することが望ましい。

【原則5-2. 経営戦略や経営計画の策定・公表】

経営戦略や経営計画の策定・公表に当たっては、自社の資本コストを的確に把握した上で、収益計画や資本政策の基本的な方針を示すとともに、収益力・資本効率等に関する目標を提示し、その実現のために、事業ポートフォリオの見直しや、設備投資・研究開発投資・人材投資等を含む経営資源の配分等に関し具体的に何を実行するのかについて、株主に分かりやすい言葉・論理で明確に説明を行うべきである。

事項索引

あ　行

か　行

さ 行

た 行

な　行

は　行

ま　行

や　行

ら　行

わ 行

〈参考文献〉

葭田英人『会社法入門（第六版）』（同文舘出版・2020）

葭田英人『基本がわかる会社法』（三省堂・2017）

葭田英人『中小企業と法（第二版）』（同文舘出版・2015）

須藤修監修・田中和明編『コーポレートガバナンスにおける社外取締役・社外監査役の役割と実務』（日本加除出版・2018）

松山遙『はじめて学ぶ社外取締役・社外監査役の役割』（商事法務・2017）

野口葉子、春馬学、松井知行、花村総一郎著『社外監査役の手引き』（商事法務・2017）

日本弁護士連合会司法制度調査会社外取締役ガイドライン検討チーム編『「社外取締役ガイドライン」の解説（第2版）』（商事法務・2015）

大阪弁護士会・日本公認会計士協会近畿会編『社外監査役の理論と実務』（商事法務・2012）

コーポレートガバナンス・コード（2018年6月1日施行）

〈著者紹介〉

葭田　英人（よしだ　ひでと）

1952年　石川県生まれ
東京教育大学（現　筑波大学）卒業
筑波大学大学院経営政策科学研究科企業法学専攻修了
琉球大学法文学部・大学院人文社会科学研究科教授を経て
神奈川大学法学部・大学院法学研究科　教授（現在）

■主要著書

『コーポレート・ガバナンスと会計法――株主有限責任と会社債権者保護』（日本評論社・2008）
『基礎から理解する租税法――所得税法・法人税法入門』（日本評論社・2010）
『持分会社・特例有限会社の制度・組織変更と税務』編著（中央経済社・2013）
『中小企業と法（第二版）』（同文舘出版・2015）
『信託の法制度と税制』（税務経理協会・2017）
『基本がわかる会社法』（三省堂・2017）
『合同会社の法制度と税制（第三版）』編著（税務経理協会・2019）
『会社法入門（第六版）』（同文舘出版・2020）

コーポレートガバナンスと社外取締役・社外監査役

2020年3月20日　第1刷発行

著　者　葭　田　英　人

発行者　株式会社　三　省　堂
代表者　北口克彦

印刷者　三省堂印刷株式会社

発行所　株式会社　三　省　堂
〒101-8371　東京都千代田区神田三崎町二丁目22番14号
電話　編集　(03)3230-9411
営業　(03)3230-9412
https://www.sanseido.co.jp/

Printed in Japan

落丁本・乱丁本はお取り替えいたします。　〈コーポレートガバナンス・216pp.〉

ISBN978-4-385-32277-3